CARTEA DE BUCATE ULTIMEA ETONIANĂ

100 de rețete pentru a descoperi bucătăria baltică

Mădălina Ciocîrlan

Material cu drepturi de autor ©2024

Toate drepturile rezervate

Nicio parte a acestei cărți nu poate fi folosită sau transmisă sub nicio formă sau prin orice mijloc fără acordul scris corespunzător al editorului și al proprietarului drepturilor de autor, cu excepția citatelor scurte utilizate într-o recenzie . Această carte nu trebuie considerată un substitut al sfaturilor medicale, juridice sau de altă natură profesională.

CUPRINS

- CUPRINS 3
- INTRODUCERE 6
- MIC DEJUN 7
  - 1. Vafe estoniene 8
  - 2. Pâine integrală (Sepik) 10
  - 3. Clatite (Pannkook) 12
  - 4. Kringel 14
  - 5. Pâine estonă (Nisuleib) 17
  - 6. Pâine estonă cu morcovi (Porgandileib) 19
  - 7. Pâine cu semințe de mac (Moonileib) 21
  - 8. Pâine cu semințe din Estonia (Seemneleib) 24
  - 9. Pâine estonă cu dovleac (Kõrvitsaleib) 26
  - 10. Pâine de ovăz estonă (Kaeraleib) 28
  - 11. Martsipan (Marțipan) 30
  - 12. Chiflă dulce estonă (Saiake) 32
  - 13. Pâine tradițională estonă (Kama Leib) 35
  - 14. Terci de afine (Mustikapuder) 37
  - 15. Pâine de secară neagră (Rukkileib) 39
  - 16. Terci de ovăz din Estonia 41
  - 17. Ouă piure (Munavõi) 43
  - 18. Cârnați Estonieni (Eesti Vorst) 45
  - 19. Omletă estonă 48
  - 20. Kama Kottidega 50
  - 21. Clatite cu cartofi 52
  - 22. Omletă cu legume din Estonia (Juurviljaomlett) 54
  - 23. Terci de orz din Estonia (Oderpuder) 56
- GUSTĂRI 58
  - 24. Chitrele de fasole (Hõrgud Kõrtpoolakesed) 59
  - 25. Gustare estonă cu caș (Kohupiimakreem) 61
  - 26. Estonă Semla (Vastlakukkel) 63
  - 27. Sandviș cu șprot din Estonia (Sprotivõileib) 66
  - 28. Pate de pui 68
  - 29. Chips de cartofi (Kartulikrõpsud) 71
  - 30. Inele de ceapă (Sibulakrõpsud) 73
  - 31. Gustare cu cereale prăjite (Kama) 75
  - 32. Chips de usturoi sălbatic (Karulauguviilud) 77
  - 33. Conserve de carne de elan (Põdralihakonserv) 79
  - 34. Felii de hering din Estonia (Kiluviilud) 82
  - 35. Grisoare estoniene (Leivasnäkid) 84
  - 36. Murături Estoniene (Hapukurk) 86

37. Kohuke 88
38. Chifle cu șuncă și brânză 90
39. Bile de cartofi estoniene (Kartulipallid) 93
40. Felii de morcovi estonieni 95
41. Ciuperci marinate 97

SALATE 99
42. Salată de cartofi din Estonia 100
43. Salată de sfeclă (Punasepeedisalat) 102
44. Salată de ciuperci (Seenesalat) 104
45. Salată de castraveți (Kurgisalat) 106
46. Salată de hering (Suitsusilli Salat) 108
47. Salata de morcovi (Porgandisalat) 110
48. Salată de varză (Kapsasalat) 112
49. Salata de rosii si castraveti (Tomati-Kurgisalat) 114
50. Salată mixtă (Segasalat) 116

SUPE 118
51. Supă de mazăre (Hernesupp) 119
52. Supă estonă cu piure de dovleac 121
53. Supă de ciuperci (Seenesupp) 123
54. Supă estonă de mazăre (Kaalika-Hernesupp) 125
55. Supă de pește (Kalasupp) 127
56. Supă de sfeclă (Borsisupp) 129
57. Supă tradițională de varză murată (Hapukapsasupp) 131
58. Supă de orz (Odrasupp) 133
59. Supă de varză 135
60. Supă de varză murată din Estonia (Hapukapsasupp) ... 137

FELURI PRINCIPALE 139
61. Tocană de porc și varză murată (Seakapsahautis) 140
62. Tocană de vită (Hakklihahautis) 142
63. Tocană de pui și legume 144
64. Tocană de fasole (Oa- Või Hernesupp) 146
65. Caserolă de orez cu ciuperci din Estonia (Seeneriis) ... 148
66. Caserolă estonă cu varză și orez (Kapsa-Riisivorm) 151
67. Se prăjește cu orez și legume din Estonia (Riis Ja Köögiviljad Wokis) 154
68. Cartofi din Estonia la cuptor (Ahjukartulid) 156
69. Sos de legume tocate 158
70. Kõrvitsakotletid 160
71. Pajaroog 162
72. Chiftele de vită estoniene (Lihapallid) 164
73. Rulete de vită estoniene (Räimerullid) 166
74. Chirintele estoniene de vită (Hakklihakotletid) 168
75. Hering rulat din Estonia (Räimerullid) 170
76. Caserolă de vită și cartofi 172

77. Marmorliha 175
78. Caserolă de pui și paste 177
79. Wrapuri de pui estoniene (Kanawrapid) 179
80. Cotlete de porc la grătar (Grillitud Seakarbonaad) 181
81. Frigarui de vita si legume (Veiseliha- ja Köögiviljavardad) 183
82. Frigărui de legume și halloumi 185

DESERT 187
83. Pâine dulce împletită 188
84. Tort Estonian cu Caș (Kohupiimakook) 191
85. Tort cu pâine de secară (Karask) 194
86. Tort cu ursuleț (Mõmmik) 196
87. Prăjitură cu brânză Quark (Kubujuustukook) 199
88. Tortul bunicii (Vanaema Kook) 202
89. Tort Eston în Foaie (Plaadikook) 205
90. Stafide Kissel (Rosinakissell) 208
91. Supă de desert estonă (Leivasupp) 210
92. Vahukoor-Kohupiimakook 212
93. Tort cu cartofi (Kartulikook) 215
94. Kamavaht 218
95. Tort Kama și cu mere (Kama-Õunakook) 220

BĂUTURI 223
96. Vin cu fructe (Leibkonna Jook) 224
97. Cvas 226
98. Chefir 228
99. Estonian Morss 230
100. Băutură Kali estonă 232

CONCLUZIE 234

INTRODUCERE

Bine ați venit la „CARTEA DE BUCATE ULTIMEA ETONIANĂ", o explorare a deliciilor culinare ale Estoniei, o țară amplasată în inima regiunii baltice. În această carte de bucate, vă invităm într-o călătorie pentru a descoperi aromele bogate și diverse ale bucătăriei estoniene prin intermediul a 100 de rețete autentice. De la tocane copioase la deserturi reconfortante, fiecare fel de mâncare oferă o privire asupra moștenirii gastronomice unice a acestei țări frumoase. Bucătăria estonă este o reflectare a istoriei, geografiei și influențelor sale culturale, combinând elemente ale tradițiilor culinare scandinave, rusești și germane cu ingrediente și tehnici locale. De la păduri și lacuri până la coastă și peisaj rural, generozitatea naturală a Estoniei oferă baza pentru o gamă largă de mâncăruri delicioase și satisfăcătoare.

În această carte de bucate, vom explora aromele Estoniei, de la preferatele tradiționale, cum ar fi heringul și pâinea neagră, până la interpretările moderne ale mâncărurilor clasice. Fie că ai poftă de o supă copioasă care să te încălzească într-o zi rece de iarnă sau de un desert răcoritor de care să te bucuri la soarele de vară, există ceva aici pentru a satisface fiecare palat și ocazie.

Dar „CARTEA DE BUCATE ULTIMEA ETONIANĂ" este mai mult decât o simplă colecție de rețete – este o sărbătoare a culturii, istoriei și ospitalității Estoniei. Pe măsură ce parcurgeți aceste pagini, veți afla despre tradițiile și obiceiurile care au modelat bucătăria estonă, precum și sfaturi și tehnici pentru a recrea mâncăruri estoniene autentice în propria bucătărie.

Deci , fie că ești un bucătar aventuros care dorește să exploreze noi arome sau cineva cu amintiri frumoase despre bucătăria estonă, lasă „CARTEA DE BUCATE ULTIMEA ETONIANĂ" să fie ghidul tău. De la piețele pline de viață din Tallinn până la satele liniștite din mediul rural, fie ca fiecare rețetă să vă transporte în inima Estoniei și să vă inspire să creați mâncăruri delicioase care sărbătoresc bogatul moștenire culinară a țării.

MIC DEJUN

1.Vafe estoniene

INGREDIENTE:
- 2 ouă mari
- ½ cană zahăr granulat
- ½ cană unt nesărat, topit
- 1 ½ cană de făină universală
- 1 ½ linguriță praf de copt
- 1 lingurita extract de vanilie
- ¼ lingurita sare
- 1 cană lapte integral
- Frisca si dulceata, pentru servire

INSTRUCȚIUNI:
a) Într-un castron potrivit, bateți ouăle și zahărul până se omogenizează bine. Se amestecă în bol untul topit, făina, praful de copt, extractul de vanilie și sarea. Se amestecă până când aluatul pregătit este omogen și nu rămân cocoloașe. Adăugați treptat laptele în aluatul preparat, amestecând bine după fiecare adăugare până când aluatul pregătit are o consistență groasă, dar turnabilă. Preîncălziți un fier de vafe conform instrucțiunilor producătorului. Pune aproximativ ¼ până la ½ cană de aluat (în funcție de dimensiunea fierului de vafe) pe fierul de vafe fierbinte și întinde-l uniform.

b) Închideți fierul de vafe și gătiți vafa până devine maro auriu și crocantă, urmând instrucțiunile fierului de vafe. Scoateți cu grijă vafa de pe fier de călcat și puneți-o pe un grătar pentru a se răci ușor. Repetați procesul cu aluatul rămas până când toate vafele sunt fierte. Serviți vafele estoniene calde cu frișcă și gem deasupra sau orice alte garnituri dorite, cum ar fi fructe de pădure proaspete sau zahăr pudră. Bucurați-vă de delicioasele vafe estoniene ca deliciu dulce sau desert!

2.Pâine integrală (Sepik)

INGREDIENTE:
- 3 căni de făină integrală
- 1 ½ cană apă caldă
- ¼ cană miere sau sirop de arțar
- 2 ¼ linguriță drojdie uscată activă
- 2 lingurite sare
- 2 linguri ulei vegetal

INSTRUCȚIUNI:

a) Într-un bol de amestecare potrivit, amestecați apa caldă, mierea (sau siropul de arțar) și drojdia. Se amestecă până se dizolvă drojdia . Se lasa sa stea aproximativ 5 minute pana cand drojdia devine spumoasa. Amestecați făina integrală de grâu , sarea și uleiul vegetal în bolul cu amestecul de drojdie. Se amestecă bine pentru a forma un aluat. Pe o suprafață înfăinată, frământați acest aluat aproximativ 5-7 minute până devine neted și elastic. Daca acest aluat este prea lipicios, mai puteti adauga putina faina, dar aveti grija sa nu adaugati prea multa deoarece poate rezulta o paine densa. Modelați acest aluat într-o bilă și puneți-o într-un bol uns cu unt. Acoperiți cu un prosop curat sau folie de plastic și lăsați-l să crească într-un loc cald și ferit de curent timp de aproximativ 1 oră până când își dublează volumul.

b) La 375°F, preîncălziți cuptorul. Ungeți o tavă de pâine. Tăiați aluatul crescut și răsturnați-l pe o suprafață tapetă cu făină. Modelați-o într-o pâine și puneți-o în tava unsă. Acoperiți tava de pâine cu un prosop curat sau folie de plastic și lăsați acest aluat să crească încă 30-45 de minute până ajunge în partea de sus a tavii. Odată ce acest aluat a crescut, puneți tava de pâine în cuptorul preîncălzit și coaceți timp de 30-35 de minute, până când vârful devine maro auriu și pâinea sună goală când este bătută pe fund. Scoateți pâinea din cuptor și lăsați-o să se răcească în tavă timp de aproximativ 5 minute, apoi puneți-o pe grătar pentru a se răci complet înainte de a tăia și a servi. Savurează-ți pâinea integrală Sepik de casă! Este perfect pentru sandvișuri, pâine prăjită sau ca garnitură cu supe și tocane.

3.Clatite (Pannkook)

INGREDIENTE:
- 2 căni de făină universală
- 2 cani de lapte
- 2 ouă mari
- ¼ cană zahăr granulat
- ½ lingurita sare
- 1 lingurita extract de vanilie
- ¼ cană unt nesărat, topit
- Suplimentar unt sau ulei, pentru gătit
- Dulceata, fructe de padure proaspete, frisca, zahar pudra, pentru topping

INSTRUCȚIUNI:
a) Într-un bol de amestecare potrivit, amestecați făina, laptele, ouăle, zahărul, sarea și extractul de vanilie până se combină bine.
b) Se amestecă untul topit în aluatul preparat și se bate din nou până când aluatul pregătit este omogen. Încinge o tigaie antiaderentă sau grătar la foc mediu și se unge ușor cu unt sau ulei.
c) Turnați aproximativ ¼ de cană de aluat pe tigaia sau grătarul încălzit pentru fiecare clătită.
d) Gatiti pana se formeaza bule pe suprafata clatitei si marginile incep sa arate inserate, aproximativ 2-3 minute. Întoarceți clătitele și gătiți încă 1-2 minute pe cealaltă parte, până când se rumenesc. Scoateți clătitele gătite din tigaie sau grătar și repetați procesul cu aluatul rămas, adăugând mai mult unt sau ulei după cum este necesar pentru a preveni lipirea.
e) Servește clătitele Pannkook fierbinți cu toppingurile tale preferate, cum ar fi gem, fructe de pădure proaspete, frișcă sau zahăr pudră. Bucurați-vă de delicioasele tale clătite estoniene!

4.Kringel

INGREDIENTE:
ALUAT
- 4 căni de făină universală
- ½ cană zahăr, granulat
- ½ lingurita sare
- 2 ¼ linguriță drojdie uscată activă
- 1 cană lapte cald
- ½ cană unt nesărat, topit
- 2 ouă mari
- 1 lingurita extract de vanilie

UMPLERE
- ½ cană unt nesărat, înmuiat
- ½ cană zahăr, granulat
- 1 lingura scortisoara macinata
- ½ cană nuci tocate (migdale, nuci sau nuci pecan), opțional

GLAZURĂ
- ½ cană de zahăr pudră
- 2 linguri de lapte
- 1 lingurita extract de vanilie

INSTRUCȚIUNI:
a) Într-un bol de amestecare potrivit, amestecați zahărul, făina, sarea și drojdia. Într-un castron separat, amestecați laptele cald, untul topit, ouăle și extractul de vanilie. Amesteca bine.

b) Amestecați treptat amestecul de făină uscată, amestecând până se formează un aluat moale. Întoarceți acest aluat pe o suprafață cu făină și frământați aproximativ 5-7 minute până devine neted și elastic.

c) Puneți acest aluat înapoi în bolul de mixare, acoperiți-l cu un prosop curat sau folie de plastic și lăsați-l să crească într-un loc cald, ferit de curenti, timp de aproximativ 1 oră, până când își dublează volumul.

d) În timp ce acest aluat crește, pregătiți umplutura amestecând împreună untul înmuiat, zahărul, scorțișoara și nucile mărunțite (dacă este folosit) într-un castron potrivit. Pus deoparte.

e) La 350°F, preîncălziți cuptorul. Tapetați o foaie de copt cu hârtie de copt. Odată ce acest aluat a crescut, loviți-l și răsturnați-l pe o suprafață tapetă cu făină. Rotiți-l într-un dreptunghi de aproximativ 18x12 inci. Întindeți umplutura uniform peste acest aluat, lăsând un chenar potrivit pe margini.

f) Începând de la o parte lungă, rulați strâns acest aluat într-un buștean, ciupind marginile pentru a sigila. Transferați cu grijă aluatul rulat pe foaia de copt pregătită și modelați-l într-un inel, ciupind capetele împreună pentru a sigila și a forma o formă circulară. Folosind foarfece ascuțite sau un cuțit, faceți tăieturi de aproximativ ⅔ din acest aluat la intervale de 1 inch, lăsând centrul intact. Răsuciți ușor fiecare secțiune a acestui aluat spre exterior pentru a crea un efect împletit. Coaceți Kringelul în cuptorul preîncălzit timp de 25-30 de minute, până când devine maro auriu și pâinea sună goală când este bătută pe fund.

g) Scoateți Kringelul din cuptor și lăsați-l să se răcească pe foaia de copt timp de aproximativ 10 minute, apoi puneți-l pe grătar pentru a se răci complet.

h) În timp ce Kringel se răcește, pregătiți glazura amestecând zahărul pudră, laptele și extractul de vanilie într-un castron potrivit.

i) Odată ce Kringel s-a răcit, stropiți glazura deasupra. Tăiați și serviți Kringelul și bucurați-vă de această delicioasă pâine dulce estonă!

5.Pâine estonă (Nisuleib)

INGREDIENTE:
- 1 lb. făină de grâu
- 1 lingurita drojdie uscata activa
- 1 lingurita sare
- 1 lingurita zahar
- 1 ¼ cană apă caldă
- 1 oz. unt, topit

INSTRUCȚIUNI:

a) Într-un bol de amestecare potrivit, amestecați făina de grâu, drojdia, sarea și zahărul. Se amestecă pentru a se amesteca bine. Amestecați treptat apa călduță în timp ce amestecați, până când acest aluat se îmbină. Întoarceți acest aluat pe o suprafață cu făină și frământați aproximativ 5-7 minute, până când acest aluat devine neted și elastic. Puneți acest aluat înapoi în bolul de mixare, acoperiți cu un prosop curat și lăsați-l să crească într-un loc cald timp de aproximativ 1 oră, până când își dublează volumul.

b) La 400°F, preîncălziți cuptorul și ungeți o tavă de pâine. Tăiați aluatul crescut și răsturnați-l pe o suprafață tapetă cu făină. Modelați-o într-o pâine și puneți-o în tava unsă cu pâine. Peste acest aluat se unge untul topit. Coaceți pâinea în cuptorul preîncălzit timp de 25-30 de minute, până când devine maro auriu deasupra și sună gol la bătătură pe fund. Scoateți pâinea din cuptor și lăsați-o să se răcească în tavă câteva minute, apoi puneți-o pe grătar pentru a se răci complet.

c) Odată ce pâinea s-a răcit, feliați-o și serviți după dorință. Bucurați-vă de pâinea de grâu estonă de casă! Este perfect pentru sandvișuri, pâine prăjită sau pur și simplu ca acompaniament delicios la mesele tale.

6.Pâine estonă cu morcovi (Porgandileib)

INGREDIENTE:
- 2 căni de făină universală
- 1 cană morcovi, rasi
- ½ cană zahăr
- ½ cană ulei vegetal
- 2 ouă mari
- 1 lingurita praf de copt
- ½ lingurita de bicarbonat de sodiu
- ½ lingurita sare
- 1 lingurita scortisoara
- ½ lingurita nucsoara
- ½ cană nuci sau nuci pecan tocate (opțional)

INSTRUCȚIUNI:
a) La 350°F, preîncălziți cuptorul și ungeți o tavă de pâine. Într-un bol de amestecare potrivit, amestecați zahărul, făina, praful de copt, bicarbonatul de sodiu, sarea, scorțișoara și nucșoara. Se amestecă pentru a se amesteca bine. Într-un castron separat, bateți morcovii rasi, uleiul vegetal și ouăle până se combină bine.

b) Adăugați amestecul de morcovi la ingredientele uscate și amestecați până când se combină. Dacă folosiți nuci, adăugați nucile sau nucile tocate. Se toarnă aluatul pregătit în tava unsă cu uns și se netezește blatul cu o spatulă.

c) Coacem in cuptorul preincalzit 45-50 de minute, pana cand o scobitoare introdusa in centrul painii iese curata. Scoateți pâinea cu morcovi din cuptor și lăsați-o să se răcească în tavă timp de 10 minute, apoi puneți-o pe grătar pentru a se răci complet. Odată ce pâinea s-a răcit, feliați și serviți după dorință. Poate fi savurat simplu, cu unt sau ca paine de sandvici.

7.Pâine cu seminţe de mac (Moonileib)

INGREDIENTE:
ALUAT
- 2 căni de făină universală
- ½ cană zahăr
- 1 lingurita drojdie uscata activa
- ½ lingurita sare
- ½ cană lapte
- ¼ cană unt nesărat, topit
- 2 ouă mari
- 1 lingurita extract de vanilie

Umplutură cu semințe de mac
- 1 cană de semințe de mac
- ½ cană lapte
- ¼ cană miere
- ¼ cană zahăr
- ¼ cană unt nesărat
- ½ linguriță extract de vanilie

INSTRUCȚIUNI:
a) Într-o cratiță potrivită, amestecați semințele de mac, laptele, mierea, zahărul, untul și extractul de vanilie Pentru umplutură. Aduceți la fiert la foc mic și gătiți timp de 5 minute, amestecând continuu. Se ia de pe foc si se lasa umplutura sa se raceasca la temperatura camerei.

b) Într-un bol de amestecare potrivit, amestecați zahărul, făina, drojdia și sarea pentru aluat. Într-un castron separat, amestecați laptele, untul topit, ouăle și extractul de vanilie. Se bate bine.

c) Se amestecă amestecul de făină uscată și se amestecă până se formează un aluat. Framantam acest aluat pe o suprafata infainata timp de 5-7 minute, pana devine neted si elastic.

d) Se pune acest aluat intr-un bol uns cu unt, se acopera cu o carpa curata si se lasa la crescut la loc caldut aproximativ 1 ora, pana isi dubleaza volumul.

e) Tăiați acest aluat și răsturnați-l pe o suprafață cu făină. Rotiți-l într-un dreptunghi de aproximativ ¼ inch grosime. Întindeți uniform umplutura de mac răcită peste acest aluat, lăsând un chenar potrivit pe margini.

f) Rulați acest aluat strâns din partea lungă, în stil jeleu . Puneți aluatul rulat cu cusătura în jos într-o tavă unsă cu unt. Acoperiți cu o cârpă curată și lăsați-o să crească încă 30-45 de minute. La 350°F, preîncălziți cuptorul. Coaceți pâinea cu semințe de mac în cuptorul preîncălzit timp de 30-35 de minute, până când devine maro auriu deasupra și temperatura internă atinge 190 ° F pe un termometru cu citire instantanee.

g) Scoateți pâinea din cuptor și lăsați-o să se răcească în tavă timp de 10 minute, apoi puneți-o pe grătar pentru a se răci complet.

h) Odată ce pâinea s-a răcit, feliați și serviți după dorință. Bucurați-vă de delicioasa pâine estonă cu semințe de mac!

8.Pâine cu semințe din Estonia (Seemneleib)

INGREDIENTE:
- 2 căni de făină de secară
- 1 cană de făină universală
- ¼ cană semințe de floarea soarelui
- ¼ cană semințe de dovleac
- ¼ cană semințe de in
- ¼ cană semințe de susan
- 1 lingurita sare
- 1 lingurita drojdie uscata activa
- 2 căni de apă caldă

INSTRUCȚIUNI:
a) Într-un bol de amestecare adecvat, amestecați făina de secară, făina universală, semințele de floarea soarelui, semințele de dovleac, semințele de in, semințele de susan, sarea și drojdia. Se amestecă cu apa călduță ingredientele uscate și se amestecă până se formează un aluat lipicios. Acoperiți acest bol cu o cârpă curată și lăsați acest aluat să se odihnească timp de 30 de minute.

b) La 400 ° F, preîncălziți cuptorul și ungeți o tavă de pâine. După ce acest aluat s-a odihnit, transferați-l în tava unsă cu uns și netezește blatul cu o spatulă umedă. Lăsați acest aluat să crească într-un loc cald timp de 30-45 de minute, până când a crescut puțin și arată umflat.

c) Coaceți pâinea cu semințe în cuptorul preîncălzit timp de 50-60 de minute, până când devine maro auriu deasupra și sună gol când este bătută pe fund. Scoateți pâinea din cuptor și lăsați-o să se răcească în tavă timp de 10 minute, apoi puneți-o pe grătar pentru a se răci complet. Odată ce pâinea s-a răcit, feliați și serviți după dorință. Bucurați-vă de pâinea estonă cu semințe hrănitoare și delicioasă!

9.Pâine estonă cu dovleac (Kõrvitsaleib)

INGREDIENTE:
- 2 căni de făină universală
- 1 cană zahăr
- 1 lingurita praf de copt
- ½ lingurita de bicarbonat de sodiu
- ½ lingurita sare
- 1 lingurita scortisoara
- ½ lingurita nucsoara
- ½ lingurita de ghimbir
- ¼ linguriță cuișoare
- 2 ouă mari
- 1 cană piure de dovleac
- ½ cană ulei vegetal
- ¼ cană lapte
- 1 lingurita extract de vanilie

INSTRUCȚIUNI:
a) La 350 ° F, preîncălziți cuptorul și ungeți o tavă de 9 x 5 inci. Într-un bol de amestecare potrivit, amestecați zahărul, făina, praful de copt, bicarbonatul de sodiu, sarea, scorțișoara, nucșoara, ghimbirul și cuișoarele. Într-un castron separat, bateți ouăle, apoi adăugați piureul de dovleac, uleiul vegetal, laptele și extractul de vanilie. Se amestecă până se combină bine.
b) Se amestecă amestecul de făină uscată și se amestecă până când se combină. Nu amestecați în exces. Se toarnă aluatul pregătit în tava unsă cu uns și se netezește blatul cu o spatulă.
c) Coacem in cuptorul preincalzit 50-60 de minute, pana cand o scobitoare introdusa in centrul painii iese curata.
d) Scoateți pâinea cu dovleac din cuptor și lăsați-o să se răcească în tavă timp de 10 minute, apoi puneți-o pe grătar pentru a se răci complet. Odată ce pâinea s-a răcit, feliați și serviți după dorință.
e) Savurați pâinea de dovleac estonă delicioasă și umedă!

10.Pâine de ovăz estonă (Kaeraleib)

INGREDIENTE:
- 2 căni de ovăz rulat
- 2 căni de apă clocotită
- 2 linguri de unt
- 2 linguri de melasa sau miere
- 2 lingurite sare
- 2 lingurite drojdie uscata activa
- 4 căni de făină universală
- Ovăz suplimentar, pentru garnitură

INSTRUCȚIUNI:

a) Puneți fulgii de ovăz într-un bol de amestecare adecvat și turnați peste ele apă clocotită. Se amestecă untul, melasa sau mierea și sarea. Lăsați acest amestec să se răcească până la călduț. Stropiți drojdia peste amestecul de ovăz și amestecați până se dizolvă. Se amestecă treptat făina, amestecând bine după fiecare adăugare, până se formează un aluat moale. Întoarceți acest aluat pe o suprafață cu făină și frământați aproximativ 5-7 minute, până când acest aluat este neted și elastic.

b) Puneți acest aluat înapoi în bolul de mixare și acoperiți cu un prosop curat. Se lasa sa creasca intr-un loc cald, ferit de curenti de aer aproximativ 1 ora, pana isi dubleaza volumul. La 375°F, preîncălziți cuptorul și ungeți o tavă de 9 x 5 inci. Tăiați acest aluat și răsturnați-l pe o suprafață ușor făinată. Modelați-o într-o pâine și puneți-o în tava pregătită. Stropiți blatul cu ovăz suplimentar pentru ornat. Lăsați acest aluat să crească în tavă aproximativ 15-20 de minute, până a crescut puțin. Coaceți în cuptorul preîncălzit timp de 30-35 de minute, până când pâinea devine maro aurie și sună goală când este bătută pe fund.

c) Scoateți pâinea de ovăz din cuptor și lăsați-o să se răcească în tavă timp de 10 minute, apoi puneți-o pe grătar pentru a se răci complet. Odată ce pâinea s-a răcit, feliați și serviți după dorință. Bucurați-vă de pâinea de ovăz estonă consistentă și aromată!

11. Martsipan (Marțipan)

INGREDIENTE:
- 2 căni de făină de migdale sau migdale albite
- 2 căni de zahăr, pudră
- ½ linguriță extract de migdale
- ½ lingurita apa de trandafiri, optional
- Colorant alimentar (optional)
- Zahăr, granulat sau pudră, pentru pudrat

INSTRUCȚIUNI:
a) Dacă folosiți migdale întregi, le puneți la fiert în apă clocotită pentru câteva minute, apoi le scurgeți și îndepărtați coaja.

b) Lăsați-le să se usuce complet. Într-un robot de bucătărie, amestecați făina de migdale sau migdalele albite cu zahărul pudră. Pulsați pană se combină bine și acest amestec are o textură fină.

c) Se adaugă extractul de migdale și apa de trandafiri (dacă se folosește) la acest amestec și se agită din nou până când acest amestec începe să se adună și formează o consistență asemănătoare aluatului. Dacă doriți, puteți adăuga colorant alimentar la acest amestec pentru a obține culoarea dorită. Pulsați până când culoarea este distribuită uniform.

d) Întoarceți amestecul de marțipan pe o suprafață de lucru curată și frământați-l cu mâinile până se formează o minge netedă de aluat. Dacă marțipanul este prea lipicios, puteți să vă pudrați mâinile și suprafața de lucru cu puțin zahăr pudră sau zahăr granulat pentru a ajuta la manipulare.

e) Odată ce marțipanul este neted și flexibil, îl puteți modela în formele dorite. Poate fi rulat și tăiat în forme, format în bile sau modelat în diferite decorațiuni . Dacă nu îl folosiți imediat, înfășurați bine marțipanul în folie de plastic și păstrați-l într-un recipient ermetic la frigider timp de până la 2 săptămâni.

f) Marțipanul poate fi folosit pentru a acoperi prăjiturile, pentru a crea figuri decorative sau pur și simplu să se bucure de el ca un dulce de la sine. Bucurați-vă de marțipanul de casă!

12. Chiflă dulce estonă (Saiake)

INGREDIENTE:
ALUAT
- 1 lb. făină universală
- 1 lingurita drojdie uscata activa
- 3 ½ oz. zahăr
- 1 cană lapte
- 3 ½ oz. unt, topit
- 1 lingurita sare
- 1 lingurita cardamom

UMPLERE
- 3 ½ oz. unt, înmuiat
- 3 ½ oz. zahăr
- 1 lingurita extract de vanilie

GLAZURĂ
- 1 ou, batut
- Zahăr perlat, pentru stropire (opțional)

INSTRUCȚIUNI:
a) Într-un bol de amestecare potrivit, amestecați făina, drojdia, zahărul, sarea și cardamomul. Se amestecă pentru a se amesteca bine. Într-o cratiță, încălziți laptele până se încălzește, apoi amestecați untul topit.

b) Se amestecă pentru a combina. Se amestecă amestecul de lapte cu ingredientele uscate din bolul de amestecare și se amestecă până se formează un aluat moale.

c) Întoarceți acest aluat pe o suprafață cu făină și frământați aproximativ 5-7 minute, până devine neted și elastic. Puneți acest aluat înapoi în bolul de mixare, acoperiți cu un prosop curat și lăsați-l să crească într-un loc cald timp de aproximativ 1 oră, până când își dublează volumul.

d) La 350°F, preîncălziți cuptorul și tapetați o tavă de copt cu hârtie de copt. Tăiați aluatul crescut și răsturnați-l pe o suprafață tapetă cu făină. Împărțiți-o în bucăți mici și modelați fiecare bucată într-o chiflă potrivită.

e) Într-un castron potrivit, amestecați untul înmuiat, zahărul și extractul de vanilie pentru a face umplutura. Aplatizați fiecare chiflă cu degetele și puneți o bucată potrivită de umplutură în centrul fiecărei chifle. Îndoiți marginile acestui aluat peste umplutură și ciupiți pentru a le sigila, formând o chiflă în formă de bilă. Puneți chiflele umplute pe foaia de copt pregătită, lăsând puțin spațiu între ele. Ungeți chiflele cu ou bătut și stropiți cu zahăr perlat (dacă este folosit).

f) Coaceți chiflele în cuptorul preîncălzit pentru 15-20 de minute, până devin aurii deasupra. Scoateți chiflele din cuptor și lăsați-le să se răcească pe tava de copt câteva minute, apoi transferați-le pe un grătar pentru a se răci complet.

g) Odată ce chiflele s-au răcit, serviți și bucurați-vă de delicioasele chifle dulci estoniene!

13.Pâine tradițională estonă (Kama Leib)

INGREDIENTE:
- 1 lb. făină de secară
- 1 lb. făină de grâu
- 9 oz. pulbere de kama (pulbere de cereale prăjite din Estonia)
- 1 lingura sare
- 1 lingura zahar
- 1 lingura drojdie uscata activa
- 2 căni de apă caldă

INSTRUCȚIUNI:

a) Într-un bol de amestecare adecvat, amestecați făina de secară, făina de grâu, pudra de kama , sarea, zahărul și drojdia uscată activă. Se amestecă pentru a se amesteca bine. Adăugați treptat apa călduță la ingredientele uscate în timp ce amestecați, până se formează un aluat. Poate fi necesar să ajustați puțin cantitatea de apă pentru a obține consistența potrivită. Întoarceți acest aluat pe o suprafață cu făină și frământați aproximativ 5-7 minute, până devine neted și elastic. Puneți acest aluat înapoi în bolul de mixare, acoperiți cu un prosop curat și lăsați-l să crească într-un loc cald timp de aproximativ 1 oră, până când își dublează volumul.

b) La 400°F, preîncălziți cuptorul și tapetați o tavă cu hârtie de copt. Tăiați aluatul crescut și răsturnați-l pe o suprafață tapetă cu făină. Modelați-o într-o pâine și puneți-o în tava pregătită. Acoperiți tava cu un prosop curat și lăsați acest aluat să crească încă 30 de minute. Coaceți pâinea kama în cuptorul preîncălzit timp de 40-45 de minute, până când devine maro auriu deasupra și sună gol când se bate pe fund.

c) Scoateți pâinea din cuptor și lăsați-o să se răcească în tava timp de câteva minute, apoi puneți-o pe grătar pentru a se răci complet. Odată ce pâinea kama s-a răcit, feliați și serviți după cum doriți. În mod tradițional, este savurat cu unt, brânză sau alte toppinguri.

14. Terci de afine (Mustikapuder)

INGREDIENTE:
- 1 cană de afine proaspete sau congelate
- 1 cană apă
- ½ cană de ovăz
- ½ cană lapte
- 2 linguri de zahar
- ¼ lingurita sare
- ½ linguriță extract de vanilie

INSTRUCȚIUNI:
a) Într-o cratiță potrivită, amestecați afinele și apa. Se aduce la fierbere la foc mediu și apoi se reduce focul la mic.
b) Se fierbe aproximativ 5-7 minute, până când afinele s-au înmuiat și și-au eliberat sucul. Se amestecă fulgiul de ovăz, laptele, zahărul, sarea și extractul de vanilie.
c) Gatiti la foc mic, amestecand des, timp de aproximativ 5-7 minute, pana cand ovazul a absorbit lichidul si terciul s-a ingrosat pana la consistenta dorita. Luați de pe foc și lăsați terciul să se răcească câteva minute înainte de servire.
d) Servește Mustikapuder cald în boluri sau preparate de desert. Puteți decora cu afine suplimentare, un strop de zahăr sau o praf de frișcă, dacă doriți.
e) Bucurați-vă de aromele calde și reconfortante ale Mustikapuder , un terci de afine tradițional din Estonia.

15. Pâine de secară neagră (Rukkileib)

INGREDIENTE:
- 2 căni de făină de secară
- 2 cani de faina integrala
- ½ cană făină universală
- 2 ½ căni de zară
- ½ cană melasă
- ¼ cană sirop de porumb închis
- 1 lingurita sare
- 1 lingurita de bicarbonat de sodiu
- 2 linguri pudra de cacao
- ½ cană semințe de floarea soarelui, opțional

INSTRUCȚIUNI:

a) Într-un bol de amestecare potrivit, amestecați făina de secară, făina integrală și făina universală. Într-un castron separat, amestecați zara, melasa și siropul de porumb închis. Amesteca bine. Adăugați amestecul de zară la ingredientele uscate și amestecați până se formează un aluat gros și lipicios. Acoperiți acest bol cu un prosop curat sau o folie de plastic și lăsați-l să stea la temperatura camerei timp de 12-24 de ore pentru a permite acestui aluat să fermenteze și să dezvolte aroma.

b) După perioada de fermentație, la 350°F, preîncălziți cuptorul. Ungeți o tavă de 9 x 5 inci și lăsați deoparte. Se amestecă sarea, bicarbonatul de sodiu și pudra de cacao în aluatul fermentat până se combină bine. Dacă doriți, adăugați semințele de floarea soarelui sau alte suplimente în acest moment. Transferați acest aluat în tava de pâine pregătită și neteziți blatul cu o spatulă.

c) Coacem painea in cuptorul preincalzit pentru 50-60 de minute pana cand o scobitoare introdusa in centru iese curata. Scoateți pâinea din cuptor și lăsați-o să se răcească în tavă timp de 10 minute, apoi puneți-o pe grătar pentru a se răci complet.

d) Odată ce pâinea este complet răcită, o puteți feli și savurați pâinea neagră de secară de casă!

16.Terci de ovăz din Estonia

INGREDIENTE:
- 1 cană de ovăz rulat
- 2 căni de apă
- ¼ lingurita sare
- 2 cani de lapte
- 1 lingura de unt
- Fructe de pădure, nuci, semințe, miere sau gem, pentru topping

INSTRUCȚIUNI:

a) Într-o cratiță potrivită, amestecați ovăzul, apa și sarea. Se aduce la fierbere la foc mediu. Reduceți focul la mic și fierbeți aproximativ 5 minute, amestecând din când în când, până când ovăzul a absorbit cea mai mare parte din lichid și s-a înmuiat.

b) Amestecați laptele în cratiță și continuați să fierbeți încă 5-7 minute, amestecând des, până când terciul ajunge la consistența dorită. Dacă devine prea groasă, puteți adăuga mai mult lapte pentru a regla consistența. Scoateți cratita de pe foc și amestecați untul până se topește.

c) Serviți terciul fierbinte în boluri și adăugați toppingurile dorite, cum ar fi fructe de pădure, nuci, semințe, miere sau dulceață. Bucurați-vă de Terciul Estonian cald și reconfortant!

17. Ouă piure (Munavõi)

INGREDIENTE:
- 4 oua fierte tari
- ½ cana de unt nesarat, la temperatura camerei
- ½ lingurita sare
- ¼ lingurita piper negru
- Arpagic proaspăt, mărar sau pătrunjel, pentru garnitură

INSTRUCȚIUNI:

a) Curățați ouăle fierte tari și tăiați-le în bucăți mici. Într-un bol de amestecare potrivit, amestecați untul înmuiat, piperul negru și sarea. Se amestecă bine până se combină. Se amestecă tocatul fiert tare într-un castron cu amestecul de unt.

b) Folosiți o furculiță sau un zdrobitor de cartofi pentru a zdrobi ouăle și untul împreună până când sunt cremoase și bine combinate. Gustați și ajustați condimentele cu mai multă sare sau piper, dacă doriți.

c) Transferați ouăle estoniene într-un vas de servire și decorați cu arpagic proaspăt, mărar sau pătrunjel, dacă doriți. Serviți Munavõi ca un tartinat pe pâine sau biscuiți și bucurați-vă!

18.Cârnați Estonieni (Eesti Vorst)

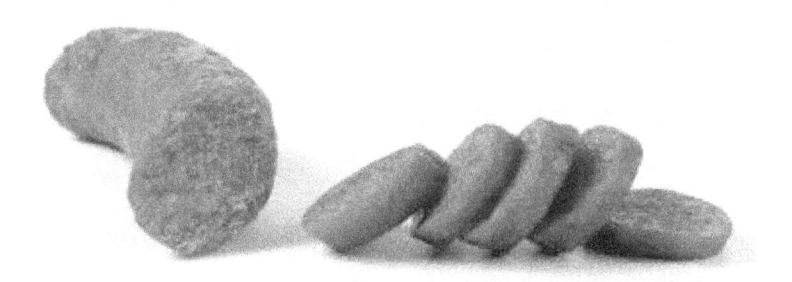

INGREDIENTE:
- 1 lb. carne de porc sau vita macinata
- ½ lb. fatback de porc, tăiat mărunt
- 1 ceapa mica, tocata fin
- 2 catei de usturoi, tocati
- 1 lingurita sare
- ½ lingurita piper negru
- ½ linguriță de ienibahar măcinat
- ½ lingurita coriandru macinat
- ½ lingurita boia macinata
- ¼ lingurita de nucsoara macinata
- ¼ linguriță cuișoare măcinate
- Înveliș natural pentru cârnați, după gust
- Ulei de gătit, dacă este prăjit

INSTRUCȚIUNI:

a) Într-un bol de amestecare potrivit, amestecați carnea de porc sau de vită măcinată cu fatback de porc tăiat cubulețe, ceapa tocată, usturoiul tocat, sare, piper negru, ienibahar, coriandru, boia de ardei, nucșoară și cuișoare. Se amestecă bine până când toate ingredientele sunt bine combinate . Dacă folosiți cojile de cârnați naturali, pregătiți-le conform instrucțiunilor producătorului.

b) Înmuiați-le în apă caldă timp de aproximativ 30 de minute pentru a le înmuia înainte de utilizare. Umpleți amestecul de carne în cojile de cârnați folosind un umplutor de cârnați sau cu mâinile. Răsuciți cârnații la intervale regulate pentru a forma legături. Dacă preferați să nu folosiți înveliș, puteți modela amestecul de cârnați în chifteluțe sau bușteni cu mâna. Dacă faceți grătar, preîncălziți grătarul la foc mediu-mare.

c) Carnatii la gratar aproximativ 10-12 minute, intorcandu-le din cand in cand, pana cand sunt fierti si au un exterior frumos rumenit. Dacă se prăjește, încălziți o tigaie la foc mediu și adăugați puțin ulei de gătit. Prăjiți cârnații la tigaie timp de aproximativ 10-12 minute, întorcându-le din când în când, până când sunt fierți și au o crustă aurie. Odată gătiți, transferați cârnații estonieni pe un platou de servire și lăsați-i să se odihnească câteva minute înainte de a servi. Servește cârnații estonieni fierbinți alături de garniturile tale preferate, cum ar fi varză murată, cartofi sau o parte de muștar pentru înmuiere.

19. Omletă estonă

INGREDIENTE:
- 4 ouă mari
- ¼ cană lapte
- ½ lingurita sare
- ¼ lingurita piper negru
- 1 lingura de unt sau ulei de gatit
- ½ cană de brânză măruntită (cheddar, elvețian sau gouda)
- ½ cana de legume (ardei gras, ceapa, ciuperci sau rosii), tocate
- Arpagic, pătrunjel sau mărar, pentru garnitură

INSTRUCȚIUNI:
a) Într-un castron potrivit, bateți ouăle, laptele, piperul negru și sarea până se omogenizează bine.

b) Se încălzește o tigaie antiaderentă la foc mediu și se topește untul sau se încălzește uleiul de gătit. Amestecați legumele tocate în tigaie și gătiți timp de 2-3 minute până când se înmoaie ușor.

c) Se toarnă amestecul de ouă peste legumele din tigaie și se lasă să fiarbă fără a amesteca câteva minute până când marginile se întăresc, iar centrul este încă puțin agitat. Stropiți uniform brânza măruntită peste omletă.

d) Îndoiți cu grijă omleta în jumătate folosind o spatulă, acoperind umpluturile cu cealaltă jumătate de omletă. Gatiti inca 1-2 minute pana cand branza se topeste si omleta este gatita.

e) Glisați omleta estonă pe o farfurie de servire și, dacă doriți, garniți cu ierburi proaspete. Tăiați omleta în felii și serviți-o fierbinte ca un mic dejun delicios și satisfăcător sau un fel de mâncare pentru brunch.

20.Kama Kottidega

INGREDIENTE:
- 1 cană kama (amestec de cereale prăjite)
- 1 cană iaurt simplu
- ½ cană amestec de fructe de pădure (afine, zmeură, căpșuni)
- 2 linguri miere
- Frunze de mentă proaspătă, pentru ornat (opțional)

INSTRUCȚIUNI:

a) Într-un bol de amestecare potrivit, amestecați kama și iaurtul simplu. Amestecați bine pentru a forma un amestec gros, neted. Spălați boabele amestecate și scurgeți-le. Dacă folosiți căpșuni, decorticați-le și tăiați-le în bucăți mai mici.

b) Amestecați amestecul de fructe de pădure și miere în amestecul de kama -iaurt. Se amestecă ușor pentru a se combina. Gustați acest amestec și ajustați dulceața după preferințe cu miere suplimentară, dacă este necesar.

c) Folosind o lingură sau cu mâinile, formați pungi sau bile mici cu amestecul de kama .

d) Le puteți modela în bile mici sau le puteți aplatiza în discuri. Aranjați pungile de kama pe o farfurie de servire.

e) Decorați cu frunze de mentă proaspătă, dacă doriți, pentru un plus de prospețime.

f) Serviți pliculețele de kama răcite ca o gustare sau desert estoniană sănătoasă și răcoritoare.

21.Clatite cu cartofi

INGREDIENTE:
- 5 cartofi albi, medii, decojiti
- 1 ceapă, medie
- 1 ou
- 3 linguri de faina
- Sare de mare, dupa gust
- Piper negru, dupa gust

INSTRUCȚIUNI:
a) Radeți cartofii în robotul de bucătărie și adăugați bucățile într-un bol.
b) Adăugați oul, făina, piper negru, sare și ceapa tocată. Amestecați bine cu o furculiță până devine un aluat gros.
c) Pune o tigaie de fier la foc mediu și adaugă ulei de cocos la încălzire. Adăugați ¼ din aluatul de cartofi în tigaie și presă-l într-o clătită.
d) Gatiti 2-3 minute pana se rumenesc pe ambele parti. Continuați să faceți mai multe clătite folosind amestecul de cartofi. Servi.

22.Omletă cu legume din Estonia (Juurviljaomlett)

INGREDIENTE:
- 4 ouă mari
- ¼ cană lapte
- ½ cană brânză rasă (cheddar sau Gouda)
- 1 ceapa mica, tocata marunt
- 1 morcov mic, decojit și ras
- 1 dovlecel mic, ras
- 1 ardei gras mic, tocat marunt
- 2 linguri de unt
- Piper negru, dupa gust
- Sarat la gust
- Pătrunjel proaspăt, pentru ornat

INSTRUCȚIUNI:

a) Într-un castron potrivit, bateți ouăle și laptele până se omogenizează bine. Se amestecă brânza rasă. Se încălzește o tigaie antiaderentă la foc mediu și se topește untul.

b) Amestecați ceapa tocată, morcovul ras, dovlecelul ras și ardeiul gras tocat în tigaie. Se calesc 3-4 minute, pana cand legumele se inmoaie . Turnați amestecul de ouă peste legumele sotate în tigaie.

c) Se fierbe 4-5 minute, până când marginile se întăresc, iar centrul este ușor agitat. Folosiți o spatulă pentru a ridica ușor marginile omletei și înclinați tigaia pentru a lăsa ouăle nefierte să curgă dedesubt .

d) Odată ce s-a întărit aproape, răsturnați-l cu atenție folosind o spatulă adecvată sau răsturnând-o pe o farfurie și alunecând-o înapoi în tigaie. Fierbeți încă 2-3 minute, până când omleta este complet întărită și ușor auriu. Se condimenteaza cu piper negru si sare dupa gust.

e) Glisați omleta pe o farfurie de servire, tăiați-o felii și, dacă doriți, decorați cu pătrunjel proaspăt. Serviți fierbinte și bucurați-vă de delicioasa omletă estonă cu legume!

23.Terci de orz din Estonia (Oderpuder)

INGREDIENTE:
- 1 cană de orz perlat
- 4 căni de apă sau bulion (pui, legume sau vită)
- ½ lingurita sare
- 1 ceapa medie, tocata fin (optional)
- 1 morcov mediu, ras (optional)
- 2 linguri de unt sau ulei de gatit (optional)
- Pătrunjel sau mărar proaspăt, pentru ornat (opțional)

INSTRUCȚIUNI:
a) Clătiți orzul perlat sub apă rece într-o strecurătoare cu plasă fină pentru a îndepărta orice impurități. Într-o cratiță potrivită, amestecați orzul perlat clătit, apa sau bulionul și sarea. Dacă folosiți, adăugați ceapa tocată mărunt și morcovul ras pentru un plus de aromă.

b) Puneti cratita la foc mediu si aduceti acest amestec la fiert. Reduceți focul la mic și lăsați orzul să fiarbă, acoperit, aproximativ 30-40 de minute până se înmoaie. Se amestecă din când în când pentru a nu se lipi de fundul cratiței.

c) Dacă folosiți, adăugați unt sau ulei de gătit în orzul fiert și amestecați bine pentru a se încorpora. Gustați terciul de orz și potriviți condimentele cu mai multă sare sau alte condimente după preferințe.

d) Scoateți cratita de pe foc și lăsați terciul de orz să stea câteva minute să se îngroașe. Serviți terciul de orz din Estonia fierbinte în boluri, ornat cu pătrunjel proaspăt sau mărar, dacă doriți.

e) Bucurați-vă de castronul cald și reconfortant de terci de orz din Estonia ca un mic dejun delicios și sățios sau o masă satisfăcătoare.

Gustări

24.Chitrele de fasole (Hõrgud Kõrtpoolakesed)

INGREDIENTE:
- 1 cană de fasole sau fasole, decojită
- 1 ceapa mica, tocata marunt
- 2 catei de usturoi, tocati
- ½ cană făină universală
- ½ linguriță de praf de copt
- 1 lingurita ierburi uscate (patrunjel, marar sau cimbru)
- ½ lingurita sare
- ¼ lingurita piper negru
- 1 ou mare
- Ulei, pentru prajit

INSTRUCȚIUNI:
a) Într-un castron potrivit, amestecați fasolea decojită, ceapa tocată mărunt, usturoiul tocat, făina universală, praful de copt, ierburile uscate, piper negru și sare. Se amestecă bine pentru a se combina. Se amestecă oul în acest amestec și se amestecă până când ingredientele sunt bine încorporate.
b) Încinge aproximativ ½ inch de ulei într-o tigaie la foc mediu-înalt. Puneți lingurițe din amestecul de fasole în uleiul fierbinte și aplatizați ușor cu dosul unei linguri pentru a forma fritje. Prăjiți frijiile aproximativ 2-3 minute pe fiecare parte până devin aurii și crocante.
c) Folosind o lingură cu fantă, transferați prăjitele pe o farfurie tapetată cu un prosop de hârtie pentru a scurge excesul de ulei. Repetați procesul cu amestecul de fasole rămas, adăugând mai mult ulei în tigaie, după cum este necesar.
d) Servește fritlele de fasole fierbinte ca aperitiv, gustare sau garnitură gustoasă. Bucurați-vă de bijuliile de fasole crocante și aromate cu sosul preferat, cum ar fi sosul de iaurt, aioli sau smântână, dacă doriți.

25.Gustare estonă cu caș (Kohupiimakreem)

INGREDIENTE:
- 2 cani de caș sau brânză de vaci
- ½ cană zahăr
- 1 lingurita extract de vanilie sau alte arome (optional)
- Fructe proaspete sau fructe de pădure (căpșuni, afine sau zmeură), pentru topping
- Frunze de mentă proaspătă, pentru ornat (opțional)

INSTRUCȚIUNI:
a) Într-un bol de amestecare adecvat, amestecați cașul sau brânza de vaci, zahărul, extractul de vanilie sau alte arome (dacă se utilizează). Se amestecă bine pentru a se combina.
b) Gustați acest amestec și ajustați dulceața după preferințe adăugând mai mult zahăr dacă doriți. Turnați amestecul de caș în boluri sau pahare de servire.
c) Răciți gustarea cu caș la frigider pentru cel puțin 1 oră pentru a permite aromelor să se topească și ca acest amestec să se stabilească.
d) Chiar înainte de servire, completați gustarea cu caș cu fructe proaspete sau fructe de pădure la alegere. Decorați cu frunze proaspete de mentă, dacă doriți, pentru un plus de prospețime și culoare. Serviți gustarea estonă cu caș rece și savurați-o ca desert sau gustare delicioasă și răcoritoare.

26.Estonă Semla (Vastlakukkel)

INGREDIENTE:
BUN
- 2 căni de făină universală
- ¼ cană zahăr, granulat
- ½ lingurita sare
- 1 lingurita drojdie uscata activa
- ½ cană lapte
- ¼ cană unt nesărat, topit
- 1 ou mare
- 1 lingurita cardamom macinat
- Zahăr pudră, pentru pudrat

Umplutură cu pastă de migdale
- ½ cană migdale măcinate
- ½ cană de zahăr, pudră
- 1 lingura unt nesarat, inmuiat
- ½ linguriță extract de migdale
- ¼ cană lapte

Umplutura cu frisca
- 1 cană smântână groasă
- 2 linguri de zahar pudra
- 1 lingurita extract de vanilie

INSTRUCȚIUNI:
BUN

a) Într-un bol de amestecare adecvat, amestecați zahărul, făina, sarea și drojdia uscată activă. Într-o cratiță potrivită, încălziți laptele până se încălzește (aproximativ 110°F/43°C). Adăugați laptele cald, untul topit, oul și cardamomul măcinat la ingredientele uscate. Se amestecă bine pentru a forma un aluat. Întoarceți acest aluat pe o suprafață cu făină și frământați aproximativ 5-7 minute până când acest aluat este neted și elastic. Puneți acest aluat înapoi în bolul de mixare, acoperiți-l cu un prosop curat și lăsați-l să crească într-un loc cald timp de aproximativ 1 oră până când își dublează volumul.

b) La 350°F, preîncălziți cuptorul și tapetați o tavă de copt cu hârtie de copt. Tăiați aluatul crescut și împărțiți-l în 10-12 părți egale.

Modelați fiecare porție într-o chiflă rotundă potrivită și puneți-o pe foaia de copt pregătită. Coaceți chiflele în cuptorul preîncălzit timp de 12-15 minute până devin aurii deasupra. Scoateți chiflele din cuptor și lăsați-le să se răcească complet pe un grătar.

Umplutură cu pastă de migdale

c) Într-un bol de amestecare potrivit, amestecați migdalele măcinate, zahărul pudră, untul înmuiat și extractul de migdale. Se amestecă bine pentru a forma o pastă groasă. Adăugați laptele treptat, după cum este necesar, până când pasta de migdale ajunge la o consistență tartinabilă.

Umplutura cu frisca

d) Într-un castron separat, bateți smântâna groasă, zahărul pudră și extractul de vanilie până se formează vârfuri tari.

e) Asamblare: Odată ce chiflele sunt complet răcite , tăiați partea de sus a fiecărei chifle și lăsați blaturile deoparte. Scoateți o porțiune potrivită din centrul chiflei pentru a crea o cavitate.

f) Pentru umpluturi: Umpleți cavitatea cu o lingură de umplutură din pastă de migdale.

g) Peste umplutura de pastă de migdale se pune o cantitate generoasă de frișcă sau o lingură.

h) Așezați blaturile de chiflă rezervate înapoi peste frișcă. Pudrați chiflele cu zahăr pudră deasupra pentru decor.

27.Sandviș cu șprot din Estonia (Sprotivõileib)

INGREDIENTE:
- 4 felii de pâine de secară sau orice altă pâine
- 4 conserve de șprot în ulei
- 2 linguri de unt moale
- 1 ceapă roșie, feliată subțire
- 1 lingură mărar proaspăt, tocat
- Roți de lămâie, pentru servire

INSTRUCȚIUNI:

a) Prăjiți sau ungeți ușor feliile de pâine. Scurgeți șprotul din conserva, rezervând uleiul. Întindeți un strat subțire de unt înmuiat pe fiecare felie de pâine.

b) Aranjați câteva șprote deasupra feliilor de pâine unsă cu unt, asigurându-vă că lăsați puțin spațiu între pește. Acoperiți șproții cu ceapă roșie feliată subțire și un strop de mărar proaspăt tocat.

c) Stropiți deasupra puțin uleiul rezervat de la șprotul conservat pentru un plus de aromă. Serviți sandvișurile cu șprot cu felii de lămâie în lateral pentru a le stoarce deasupra înainte de a le mânca.

d) Bucurați-vă de sandvișurile estoniene cu șprot ca o gustare sau un aperitiv gustos și satisfăcător!

28.Pate de pui

INGREDIENTE:
- 1 lb. piept sau pulpe de pui dezosate, fără piele
- 1 ceapa medie, tocata marunt
- 2 catei de usturoi, tocati
- 3 ½ oz. unt, înmuiat
- 2 linguri de făină universală
- ½ cană supă de pui
- ½ cană smântână groasă
- Piper negru, dupa gust
- Sarat la gust
- Ierburi proaspete (patrunjel sau cimbru), pentru decor

INSTRUCȚIUNI:

a) La 350°F, preîncălziți cuptorul. Într-o cratiță potrivită, topiți 1 oz. de unt la foc mediu. Se amestecă ceapa tocată și usturoiul tocat și se călesc până se înmoaie, aproximativ 3-4 minute. Se amestecă bucățile de pui în cratiță și se gătesc până când nu mai devin roz, aproximativ 5-6 minute.

b) Scoateți cratita de pe foc și lăsați amestecul de pui să se răcească ușor.

c) Odată ce amestecul de pui s-a răcit, transferați-l într-un robot de bucătărie sau blender. Adăugați untul înmuiat și făina la robotul de bucătărie sau la blender și procesați până la omogenizare. Readuceți amestecul de pui în cratiță și puneți-l înapoi pe aragaz la foc mediu.

d) Se amestecă treptat bulionul de pui și smântâna groasă, amestecând constant pentru a evita cocoloașele. Gatiti acest amestec, amestecand des, pana se ingroasa, aproximativ 5 minute. Asezonați generos pateul de pui cu piper negru și sare după gust. Turnați pateul de pui într-o tavă de copt unsă sau într-un ramekin individual.

e) Coacem in cuptorul preincalzit timp de 20-25 de minute, pana blatul devine usor auriu si pateul se fixeaza. Scoateți din cuptor și lăsați-l să se răcească la temperatura camerei.

f) După ce s-a răcit, se acoperă cu folie de plastic și se da la frigider pentru cel puțin 2-3 ore până când pateul este ferm. Înainte de servire, se ornează cu ierburi proaspete, precum pătrunjel sau cimbru, dacă se dorește.

g) Serviți Pateul de Pui Eston cu biscuiți, pâine sau puncte de pâine prăjită ca aperitiv sau gustare. Bucurați-vă de pateul de pui din Estonia de casă!

29.Chips de cartofi (Kartulikrõpsud)

INGREDIENTE:
- 4 cartofi medii
- Sarat la gust
- Ulei de gatit, pentru prajit

INSTRUCȚIUNI:
a) Spălați și curățați cartofii. Folosind un cuțit ascuțit sau o mandolină , tăiați cartofii subțiri în rondele uniforme. Puneți feliile de cartofi într-un vas potrivit cu apă rece și lăsați-le la macerat aproximativ 10 minute pentru a elimina excesul de amidon. Scurgeți feliile de cartofi și uscați-le cu un prosop curat de bucătărie sau cu prosoape de hârtie.
b) Într-o tigaie adâncă sau o friteuză, încălziți uleiul de gătit la aproximativ 180 ° C (350 ° F). Adăugați cu grijă feliile de cartofi în uleiul încins în porturi mici, fără a supraaglomera tigaia.
c) Prăjiți feliile de cartofi până devin aurii și crocante, întorcându-le din când în când pentru a asigura o prăjire uniformă. Folosind o lingură cu fantă, scoateți chipsurile de cartofi prăjiți din ulei și puneți-le pe prosoape de hârtie pentru a se scurge excesul de ulei. Asezonați imediat din belșug chipsurile fierbinți de cartofi cu sare cât timp sunt încă grase, pentru a vă asigura că sarea se lipește de chipsuri. Repetați procesul de prăjire cu feliile de cartofi rămase.
d) Lăsați chipsurile de cartofi să se răcească complet înainte de a le servi. Păstrați chipsurile de cartofi estoniene într-un recipient ermetic pentru a le menține crocante.

30.Inele de ceapă (Sibulakrõpsud)

INGREDIENTE:
- 2 cepe mari
- 1 cană de făină universală
- 1 lingurita praf de copt
- ½ lingurita sare
- ¼ lingurita piper negru
- ¼ lingurita boia
- ¼ linguriță de usturoi pudră
- ¼ lingurita praf de ceapa
- ½ cană apă rece
- Ulei de gatit, pentru prajit

INSTRUCȚIUNI:
a) Curățați ceapa și tăiați-o în felii subțiri, despărțind inelele. Într-un bol de amestecare potrivit, amestecați făina, praful de copt, sarea, piperul negru, boia de ardei, pudra de usturoi și praful de ceapă.

b) Adăugați treptat apa rece la ingredientele uscate, amestecând până se formează un aluat fin . Într-o tigaie adâncă sau o friteuză, încălziți uleiul de gătit la aproximativ 180 ° C (350 ° F).

c) Înmuiați rondelele de ceapă în aluatul pregătit, lăsând să se scurgă orice exces de aluat și puneți-le cu grijă în uleiul fierbinte, câteva câte una.

d) Prăjiți rondelele de ceapă până devin aurii și crocante, întorcându-le din când în când pentru a asigura o prăjire uniformă. Folosind o lingura cu fanta, scoatem rondelele de ceapa prajite din ulei si asezati-le pe prosoape de hartie pentru a se scurge excesul de ulei.

e) Repetați procesul de prăjire cu inelele de ceapă rămase. Lăsați rondelele de ceapă din Estonia să se răcească ușor înainte de servire. Serviți inelele de ceapă ca o gustare sau un aperitiv delicios și crocant.

31. Gustare cu cereale prăjite (Kama)

INGREDIENTE:
- 1 cană făină integrală
- 1 cană făină de secară
- ½ cană făină de orz
- ½ cană făină de ovăz
- ½ cană făină de hrișcă
- ½ cană făină din semințe de in
- ½ cană de zahăr, pudră
- ½ cană pudră de cacao
- ½ lingurita sare
- ½ cană unt nesărat, topit
- ½ cană miere

INSTRUCȚIUNI:
a) La 350°F, preîncălziți cuptorul și tapetați o tavă de copt cu hârtie de copt. Într-un bol de amestecare adecvat, amestecați făina integrală de grâu , făina de secară, făina de orz, făina de ovăz, făina de hrișcă, făina de in, zahăr pudră, cacao pudră și sare.

b) Adăugați untul topit și mierea la ingredientele uscate și amestecați bine până se formează un aluat sfărâmicios. Întindeți acest aluat uniform pe foaia de copt pregătită și apăsați-l cu o spatulă sau cu mâinile pentru a-l compacta.

c) Coaceți acest aluat în cuptorul preîncălzit timp de 20-25 de minute până devine ușor auriu. Scoateți aluatul copt din cuptor și lăsați-l să se răcească complet pe tava de copt. Odată răcit, rupeți aluatul copt în bucăți mici sau sfărâmă-l într-un castron potrivit pentru a forma o gustare crocantă și hrănitoare cu cereale prăjite din Estonia.

d) Serviți gustarea kama ca un deliciu gustos și sănătos, perfect pentru a o savura singur sau ca topping pentru iaurt, terci sau alte deserturi.

32.Chips de usturoi sălbatic (Karulauguviilud)

INGREDIENTE:
- 1 buchet de frunze de usturoi sălbatic
- 1 cană de făină universală
- ½ lingurita sare
- ¼ lingurita piper negru
- ¼ lingurita boia
- ¼ linguriță de usturoi pudră
- ¼ lingurita praf de ceapa
- ½ cană apă rece
- Ulei vegetal, pentru prajit

INSTRUCȚIUNI:

a) Spălați și uscați bine frunzele de usturoi sălbatic, apoi tăiați toate tulpinile dure. Într-un bol de amestecare adecvat, amestecați făina, sarea, piperul negru, boia de ardei, pudra de usturoi și pudra de ceapă. Adăugați treptat apa rece la ingredientele uscate, amestecând continuu, până se formează un aluat gros . Încălziți ulei vegetal într-o tigaie adâncă sau într-o friteuză la o temperatură de aproximativ 350 ° F (180 ° C).

b) Înmuiați fiecare frunză de usturoi sălbatic în aluatul pregătit, acoperind-o uniform pe ambele părți. Puneți cu grijă frunzele de usturoi sălbatice acoperite în uleiul încins, prăjindu-le în reprize, timp de aproximativ 1-2 minute pe fiecare parte, până devin aurii și crocante. Folosiți o lingură cu fantă sau o strecurătoare din plasă de sârmă pentru a transfera chipsurile de usturoi sălbatic prăjite pe o farfurie tapetată cu un prosop de hârtie pentru a scurge orice exces de ulei. Repetați procesul de prăjire cu frunzele rămase de usturoi sălbatic și aluatul.

c) Odată ce toate chipsurile de usturoi sălbatic sunt prăjite și scurse, lăsați-le să se răcească ușor înainte de a le servi ca o gustare delicioasă de usturoi sălbatic din Estonia. Bucurați-vă de chipsurile de usturoi sălbatice crocante și aromate singure sau ca acompaniament unic și gustos pentru alte feluri de mâncare.

33.Conserve de carne de elan (Põdralihakonserv)

INGREDIENTE:

- 1 lb. carne de elan (poate fi înlocuită cu carne de vită sau căprioară)
- 1 ceapa, tocata marunt
- 2 catei de usturoi, tocati
- 2 linguri ulei vegetal
- 1 lingură făină universală
- 1 lingura pasta de rosii
- 1 frunză de dafin
- 1 lingurita sare
- ½ lingurita piper negru
- ½ lingurita boia
- ¼ de linguriță de ienibahar măcinat
- ¼ lingurita de nucsoara macinata
- 1 cana supa de vita sau de legume
- ½ cană de vin roșu (opțional)

INSTRUCȚIUNI:

a) Tăiați carnea de elan în cuburi mici și asezonați cu piper negru și sare. Încinge uleiul vegetal într-o oală potrivită sau cuptor olandez la foc mediu-mare. Se amestecă carnea de elan și se prăjește până se rumenește pe toate părțile. Scoateți carnea din oală și lăsați-o deoparte. In aceeasi oala se adauga ceapa tocata si usturoiul tocat. Se caleste pana se inmoaie si se rumeneste usor. Se adaugă făina și pasta de roșii și se fierbe timp de 1-2 minute până se combină bine.

b) Adăugați treptat bulionul de vită sau de legume și vinul roșu (dacă este folosit), amestecând constant pentru a evita cocoloașe. Se amestecă frunza de dafin, boia de ardei, ienibaharul, nucșoara și carnea de elan prăjită înapoi în oală. Se amestecă pentru a combina.

c) Aduceți acest amestec la fiert, apoi reduceți focul la mic și lăsați-l să fiarbă aproximativ 1-2 ore, până când carnea de elan este fragedă și se destramă ușor. Gustați și ajustați condimentul cu piper negru suplimentar și sare, dacă este necesar. Odată ce carnea este fiartă și fragedă, îndepărtați frunza de dafin și aruncați-o. Lăsați carnea de elan conservată să se răcească la temperatura camerei.

d) Transferați carnea și sosul în borcane curate și sterilizate, lăsând aproximativ ½ inch spațiu de cap în partea de sus. Sigilați borcanele cu capace și procesați într-un recipient sub presiune conform instrucțiunilor producătorului pentru produsele din carne.

e) Lăsați borcanele să se răcească complet înainte de a le depozita într-un loc răcoros și întunecat pentru depozitare pe termen lung. Carnea de elan conservată poate fi folosită ca o sursă de proteine delicioasă și convenabilă pentru sandvișuri, tocane, supe sau alte rețete.

34.Felii de hering din Estonia (Kiluviilud)

INGREDIENTE:
- 6 fileuri de hering, dezosate și tăiate în felii subțiri
- 1 ceapă roșie, feliată subțire
- 1 castravete, feliat subțire
- Mărar proaspăt, tocat
- Felii de lamaie, pentru garnitura (optional)

MARINADA
- ½ cană de oțet alb
- ½ cană apă
- ¼ cană zahăr
- ½ lingurita sare
- ¼ lingurita piper negru
- 4-5 boabe întregi de ienibahar
- 4-5 cuișoare întregi

INSTRUCȚIUNI:
a) Într-o cratiță, amestecați oțetul alb, apa, zahărul, sarea, piperul negru, boabele de ienibahar și cuișoarele.
b) Aduceți acest amestec la fierbere, apoi reduceți focul la mic și fierbeți timp de aproximativ 5 minute, amestecând din când în când pentru a dizolva zahărul și sarea. Se ia de pe foc si se lasa marinata sa se raceasca complet.
c) Odată ce marinada s-a răcit, puneți feliile de hering, feliile de ceapă roșie și feliile de castraveți într-un borcan de sticlă curat și sterilizat, așezându-le alternativ.
d) Turnați marinada răcită peste feliile de hering din borcan, asigurându-vă că feliile sunt complet scufundate în marinadă. Adăugați mărar proaspăt tocat deasupra feliilor de hering din borcan.
e) Închide borcanul cu capac ermetic și dă-l la frigider pentru cel puțin 24 de ore, sau de preferință 2-3 zile, pentru a permite aromelor să se topească și heringului să se marineze complet.
f) Serviți feliile de hering răcite, ornat cu felii de lămâie, dacă doriți. Ele pot fi savurate ca un aperitiv sau o gustare delicioasă și tradițională estonă.

35.Grisoare estoniene (Leivasnäkid)

INGREDIENTE:
- 2 căni de făină universală
- ½ lingurita sare
- ½ lingurita zahar
- 1 lingurita drojdie uscata activa
- 2 linguri ulei vegetal
- ½ cană apă călduță
- Seminte de susan sau mac, pentru topping (optional)

INSTRUCȚIUNI:
a) Într-un bol de amestecare potrivit, amestecați făina, sarea, zahărul și drojdia. Adăugați uleiul vegetal și apa călduță la ingredientele uscate și amestecați până se formează un aluat. Framantam acest aluat pe o suprafata infainata timp de aproximativ 5 minute, pana devine neted si elastic.

b) Puneti acest aluat inapoi in bolul de mixare, acoperiti-l cu o carpa curata si lasati-l la crescut la loc caldut aproximativ 1 ora, pana isi dubleaza volumul.

c) La 350°F, preîncălziți cuptorul și tapetați o tavă de copt cu hârtie de copt. Tăiați aluatul crescut și transferați-l pe o suprafață cu făină. Împărțiți acest aluat în bucăți mici și rulați fiecare bucată într-o formă subțire de frânghie sau băț. Puneți aceste frânghii de aluat pe foaia de copt pregătită, lăsând puțin spațiu între ele.

d) Dacă doriți, puteți stropi grijele cu semințe de susan sau de mac pentru un plus de aromă și crocant. Coaceți grisoanele în cuptorul preîncălzit pentru aproximativ 15-20 de minute, până devin aurii și crocante. Scoateți grisoanele din cuptor și lăsați-le să se răcească pe tava înainte de servire.

36.Murături Estoniene (Hapukurk)

INGREDIENTE:
- 2 lbs. murarea castraveților
- 3 catei de usturoi, curatati de coaja
- 3 crengute de marar
- 1 lingură boabe întregi de piper negru
- 1 lingura sare
- 1 lingura zahar
- 4 căni de apă
- 1 cană de oțet (oțet alb sau de mere)

INSTRUCȚIUNI:
a) Spălați bine castraveții murați și îndepărtați orice murdărie sau resturi. Puneți castraveții într-un borcan sau un recipient curat de sticlă, împreună cu cățeii de usturoi decojiți, crengutele de măr și boabele de piper negru. Într-o cratiță, amestecați apa, sarea, zahărul și oțetul.

b) Aduceți acest amestec la fierbere, apoi îndepărtați-l de pe foc. Turnați cu grijă amestecul de oțet fierbinte peste castraveții din borcan, acoperindu-i complet.

c) Puneți un capac curat sau o folie de plastic peste borcan și lăsați-l să se răcească la temperatura camerei.

d) Odată ce saramura murată s-a răcit, acoperiți bine borcanul și lăsați-l la frigider pentru cel puțin 24 de ore înainte de servire.

e) Murăturile vor continua să dezvolte aromă pe măsură ce se marinează în saramură, așa că cu cât stau mai mult timp, cu atât vor deveni mai aromate.

f) Bucurați-vă de murăturile estoniene de casă ca o gustare acidulată și crocantă sau ca garnitură împreună cu masa dvs. favorită din Estonia.

37.Kohuke

INGREDIENTE:
- 1 cană brânză quark
- 2 linguri miere
- 1 lingurita extract de vanilie
- ½ cană biscuiți digestivi zdrobiți sau Graham
- ¼ cană nucă de cocos mărunțită sau nuci mărunțite (opțional)

INSTRUCȚIUNI:

a) Într-un bol de amestecare potrivit, amestecați brânza de quark, mierea și extractul de vanilie. Se amestecă bine pentru a încorpora ingredientele. Amestecați digestivul zdrobit sau biscuiții Graham în amestecul de quark. Se amestecă pentru a combina.

b) Gustați acest amestec și ajustați dulceața cu miere suplimentară, dacă doriți. Dacă folosiți nucă de cocos mărunțită sau nuci mărunțite, amestecați-le în amestecul de quark. Folosind o lingură sau cu mâinile, modelați amestecul de quark în bile sau chifteluțe mici. Puneți gustările cu quark pe o farfurie sau tavă și lăsați-le la frigider pentru cel puțin 1 oră pentru a se întări.

c) Odată răcite, gustările estoniene cu quark, sau kohukesed , sunt gata să fie servite ca o gustare delicioasă și sănătoasă.

38.Chifle cu șuncă și brânză

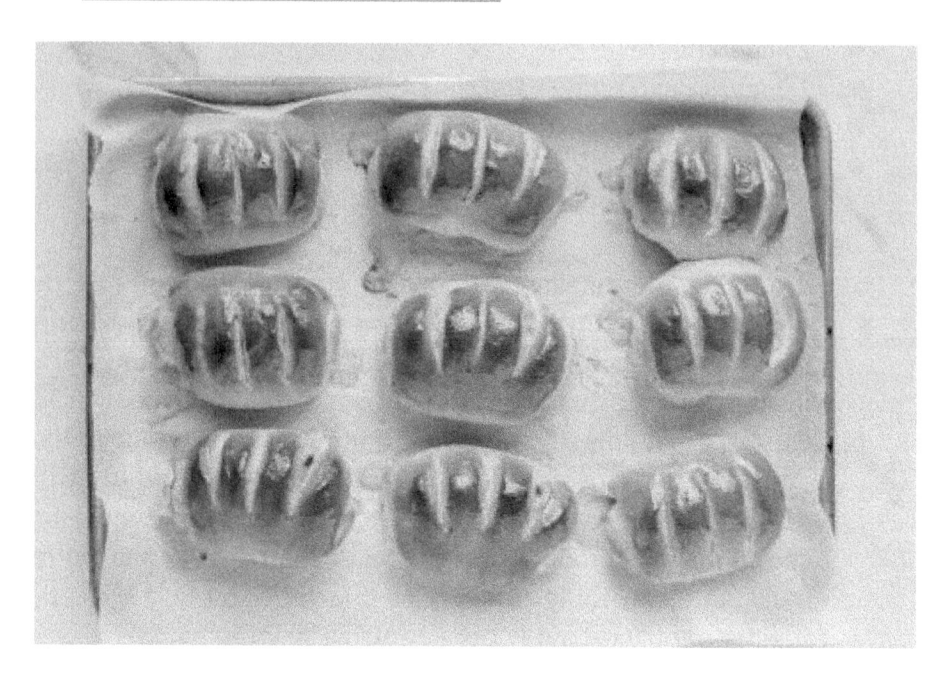

INGREDIENTE:
ALUAT
- 2 căni de făină universală
- 1 lingurita drojdie uscata activa
- 1 lingurita sare
- 2 linguri de zahar
- ½ cană lapte
- ½ cană apă
- ¼ cană unt, topit
- 1 ou mare

UMPLERE
- ½ lb. felii de șuncă
- ½ lb. felii de brânză (cum ar fi Gouda sau elvețian)
- ¼ cană maioneză
- 1 lingură muștar de Dijon
- 1 lingura patrunjel proaspat, tocat (optional)

INSTRUCȚIUNI:
a) Într-un bol de amestecare potrivit, amestecați făina, drojdia, sarea și zahărul. Într-o cratiță, încălziți laptele și apa până când ajunge la aproximativ 110 ° F (43 ° C). Adăugați amestecul de lapte cald, untul topit și oul la ingredientele uscate. Se amestecă până se formează un aluat. Întoarceți acest aluat pe o suprafață cu făină și frământați timp de 5-7 minute până când este omogen și elastic.

b) Puneți acest aluat înapoi în bolul de mixare și acoperiți cu un prosop curat. Lăsați-l să crească într-un loc cald, fără curenti de aer timp de 1 oră, până când își dublează volumul. Între timp, pregătiți umplutura combinând maioneza, muștarul de Dijon și pătrunjelul tocat (dacă este folosit) într-un bol potrivit.

c) La 375°F, preîncălziți cuptorul și ungeți o tavă de copt. Odată ce acest aluat a crescut, loviți-l și răsturnați-l pe o suprafață tapetă cu făină. Întindeți acest aluat într-un dreptunghi potrivit de aproximativ ¼ inch grosime.

d) Întindeți uniform amestecul de maioneză-muștar peste acest aluat, lăsând marginea de aproximativ ½ inch în jurul marginilor. Așezați feliile de șuncă și feliile de brânză deasupra umpluturii.

Rulați acest aluat strâns, începând din partea lungă, într-o formă de buștean. Tăiați bușteanul în felii de 1 inch folosind un cuțit ascuțit sau o bucată de ață dentară.
e) Asezati feliile pe foaia de copt pregatita si ungeti blaturile cu unt topit.
f) Coacem in cuptorul preincalzit timp de 20-25 de minute, pana cand chiflele sunt maronii si branza este topita si clocotita. Scoateți din cuptor și lăsați chiflele să se răcească puțin înainte de servire.

39. Bile de cartofi estoniene (Kartulipallid)

INGREDIENTE:
- 4 cartofi medii, curatati de coaja si fierti pana se inmoaie
- 1 ceapa mica, tocata marunt
- 2 oua
- ½ cană făină universală
- ½ lingurita sare
- ¼ lingurita piper negru
- Ulei de gatit, pentru prajit

INSTRUCȚIUNI:

a) Într-un castron potrivit, zdrobiți cartofii fierți folosind un zdrobitor sau o furculiță până se omogenizează. Amestecați ceapa tocată, ouăle, făina, piper negru și sare la piureul de cartofi.

b) Se amestecă bine pentru a forma o consistență groasă, asemănătoare unui aluat. Încinge suficient ulei de gătit într-o tigaie sau o friteuză pentru a acoperi fundul tigaii sau pentru a ajunge la o adâncime de aproximativ ½ inch.

c) Puneți linguri de amestec de cartofi în uleiul fierbinte, formând bile mici. Aplatizați ușor cu dosul unei linguri pentru a forma o formă rotundă. Prăjiți biluțele de cartofi la foc mediu aproximativ 3-4 minute pe fiecare parte, până devin rumene și crocante.

d) Scoateți biluțele de cartofi din ulei și puneți-le pe prosoape de hârtie pentru a scurge orice exces de ulei. Servește Kartulipallid fierbinte ca garnitură, aperitiv sau gustare.

e) Ele pot fi servite cu smântână, ketchup sau orice sos de înmuiere la alegere.

40.Felii de morcovi estonieni

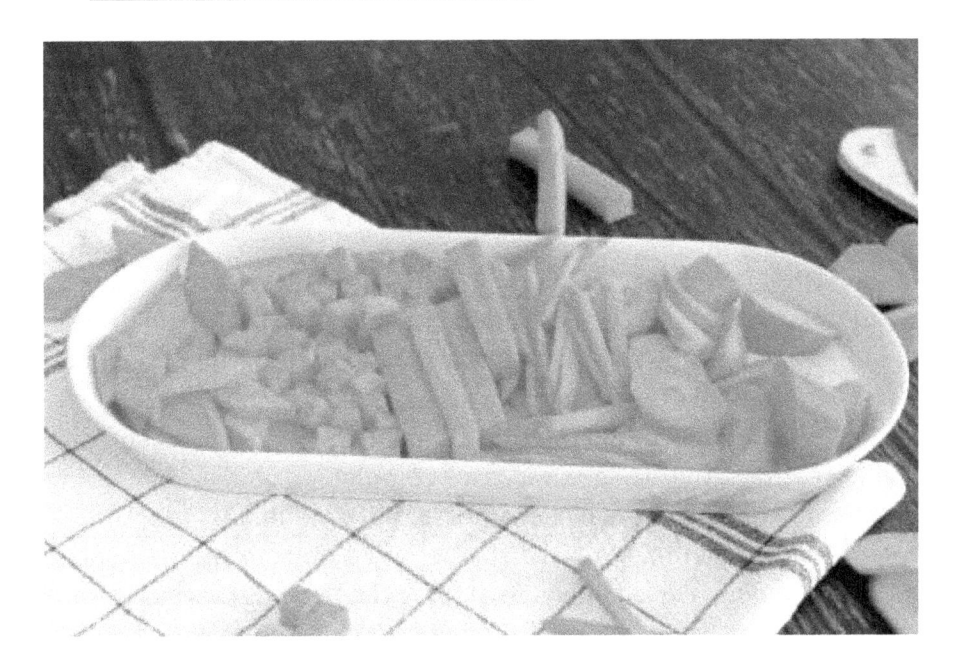

INGREDIENTE:

- 2 morcovi mari, curatati de coaja si taiati rondele subtiri
- ½ cană smântână
- 1 lingură mărar proaspăt, tocat
- 1 lingura patrunjel proaspat, tocat
- Piper negru, dupa gust
- Sarat la gust

INSTRUCȚIUNI:

a) Umpleți o oală cu apă și aduceți-o la fiert. Adăugați un praf de sare în apa clocotită. Adăugați morcovii tăiați felii în apa clocotită și gătiți timp de 2-3 minute până când sunt fragezi.
b) Scurgeți morcovii și clătiți-i cu apă rece pentru a opri procesul de gătire. Lăsați-le să se răcească complet.
c) Într-un bol potrivit, amestecați smântana, mararul tocat, pătrunjelul tocat, sarea și piperul. Se amestecă bine pentru a se combina. Puneți feliile de morcov răcite pe un platou de servire.
d) Stropiți amestecul de smântână peste feliile de morcov, acoperindu-le uniform.
e) Decorați cu mărar și pătrunjel tocat suplimentar, dacă doriți.
f) Serviți feliile de morcov estonieni cu smântână ca o gustare sau garnitură răcoritoare și sănătoasă.

41. Ciuperci marinate

INGREDIENTE:

- 1 lb. ciuperci proaspete, curățate și tăiate la jumătate
- 1 ceapă mică, tăiată subțire
- 2 catei de usturoi, tocati
- ½ cană oțet de vin alb
- ½ cană apă
- ¼ cană zahăr, granulat
- 1 lingurita sare
- 1 lingurita boabe intregi de piper negru
- 1 frunză de dafin
- Mărar proaspăt, pentru garnitură

INSTRUCȚIUNI:

a) Într-o cratiță potrivită, amestecați oțetul de vin alb, apa, zahărul, sarea, boabele întregi de piper negru și frunza de dafin. Aduceți acest amestec la fierbere la foc mediu, amestecând pentru a dizolva zahărul și sarea. Se amestecă ceapa tăiată felii și usturoiul tocat până la lichidul care fierbe.

b) Reduceți focul la mic și fierbeți timp de 5 minute, până când ceapa se înmoaie puțin . Se amestecă în cratiță ciupercile curățate și tăiate în jumătate sau în sferturi. Amestecați ușor pentru a acoperi ciupercile în marinadă.

c) Fierbeți ciupercile în marinadă timp de 10-15 minute, până când se înmoaie ușor, dar încă ferme la mușcătură. Se ia cratita de pe foc si se lasa ciupercile marinate sa se raceasca la temperatura camerei. Odată răcit, transferați ciupercile marinate și marinada într-un recipient curat, ermetic.

d) Acoperiți și lăsați la frigider pentru cel puțin 24 de ore pentru a permite aromelor să se topească și să se dezvolte. Când sunt gata de servire, scurgeți ciupercile marinate din marinată și transferați-le într-un vas de servire.

e) Se ornează cu mărar proaspăt înainte de servire.

SALATE

42. Salată de cartofi din Estonia

INGREDIENTE:
- 4 cartofi mari, curatati si taiati cubulete
- 3 oua fierte tari, tocate
- ½ cană murături, tocate mărunt
- ¼ cana ceapa rosie, tocata marunt
- ½ cană maioneză
- 1 lingură muștar de Dijon
- 1 lingura otet alb
- ½ lingurita sare
- ¼ lingurita piper negru
- Mărar sau pătrunjel proaspăt, pentru ornat (opțional)

INSTRUCȚIUNI:
a) Puneti cartofii taiati cubulete intr-o oala cu apa cu sare si aduceti la fiert. Gatiti pana cartofii sunt fragezi in furculita, aproximativ 10-15 minute.
b) Scurgeți-le și lăsați-le să se răcească la temperatura camerei. Într-un bol de amestecare potrivit, amestecați cartofii fierți, ouăle fierte tari tocate, murăturile și ceapa roșie. Într-un bol potrivit, amestecați maioneza, muștarul de Dijon, oțetul alb, piperul negru și sarea pentru a face dressingul. Turnați dressingul peste amestecul de cartofi și amestecați ușor până când toate ingredientele sunt bine acoperite în dressing.
c) Gustați și ajustați condimentele după cum este necesar cu piper negru și sare. Acoperiți acest bol și lăsați-l la frigider pentru cel puțin 1 oră pentru a permite aromelor să se topească. Cand este gata de servire, se orneaza cu marar proaspat sau patrunjel, daca se doreste.
d) Serviți rece ca garnitură sau ca parte a unui bufet pentru adunări. Bucurați-vă de Salata de cartofi din Estonia de casă, un preparat clasic și delicios din Estonia!

43.Salată de sfeclă (Punasepeedisalat)

INGREDIENTE:
- 3 sfeclă medie, fiartă, curățată și rasă
- 1 ceapa rosie mica, tocata marunt
- ½ cană murături, tocate mărunt
- ½ cana mazare conservata, scursa
- 2 linguri de otet alb
- 2 linguri ulei vegetal
- 1 lingurita zahar
- ½ lingurita sare
- ¼ lingurita piper negru

INSTRUCȚIUNI:

a) Într-un bol de amestecare potrivit, amestecați sfecla fiartă rasă, ceapa roșie tocată, murăturile și mazărea conservată. Într-un bol potrivit, amestecați oțetul alb, uleiul vegetal, zahărul, piperul negru și sarea pentru a face vinegreta.

b) Turnați vinegreta peste amestecul de sfeclă și amestecați ușor până când toate ingredientele sunt bine acoperite în dressing.

c) Gustați și ajustați condimentele după cum este necesar cu sare, zahăr și piper negru.

d) Acoperiți acest bol și lăsați-l la frigider pentru cel puțin 1 oră pentru a permite aromelor să se topească. Când este gata de servire, dați salată o ultimă amestecare și transferați-o într-un vas de servire. Serviți rece ca garnitură sau ca parte a unui bufet pentru adunări.

e) Bucurați-vă de salata de sfeclă estonă de casă, un plus delicios și colorat la masa dvs.!

44. Salată de ciuperci (Seenesalat)

INGREDIENTE:
- 1 lb. ciuperci proaspete, curățate și feliate sau 1 lb. ciuperci marinate, scurse
- 1 ceapa rosie mica, tocata marunt
- ½ cană murături, tocate mărunt
- ½ cana mazare conservata, scursa
- 2 linguri de otet alb
- 2 linguri ulei vegetal
- 1 lingurita zahar
- ½ lingurita sare
- ¼ lingurita piper negru

INSTRUCȚIUNI:
a) Dacă folosiți ciuperci proaspete, încălziți o tigaie la foc mediu și adăugați puțin ulei sau unt. Se amestecă ciupercile feliate și se călesc până când își eliberează umezeala și devin maro auriu. Luați de pe foc și lăsați-le să se răcească la temperatura camerei.
b) Dacă folosiți ciuperci marinate, scurgeți și treceți peste acest pas. Într-un bol de amestecare potrivit, amestecați ciupercile fierte sau ciupercile marinate, ceapa roșie tocată, murăturile și mazărea conservată.
c) Într-un bol potrivit, amestecați oțetul alb, uleiul vegetal, zahărul, piperul negru și sarea pentru a face vinegreta. Turnați vinegreta peste amestecul de ciuperci și amestecați ușor până când toate ingredientele sunt bine acoperite în dressing. Gustați și ajustați condimentele după cum este necesar cu sare, zahăr și piper negru. Acoperiți acest bol și lăsați-l la frigider pentru cel puțin 1 oră pentru a permite aromelor să se topească.
d) Când este gata de servire, dați salată o ultimă amestecare și transferați-o într-un vas de servire. Serviți rece ca garnitură sau ca parte a unui bufet pentru adunări.
e) Bucurați-vă de Salata de ciuperci estonă de casă, un preparat delicios și pământesc care celebrează aromele ciupercilor!

45. Salată de castraveți (Kurgisalat)

INGREDIENTE:
- 2 castraveți medii, tăiați subțiri
- 1 ceapă roșie mică, feliată subțire
- 2 linguri de otet alb
- 2 linguri ulei vegetal
- 1 lingurita zahar
- ½ lingurita sare
- ¼ lingurita piper negru
- Mărar proaspăt, pentru garnitură (opțional)

INSTRUCȚIUNI:

a) Într-un bol de amestecare potrivit, amestecați castraveții tăiați subțiri și ceapa roșie. Într-un bol potrivit, amestecați oțetul alb, uleiul vegetal, zahărul, piperul negru și sarea pentru a face vinegreta.

b) Se toarnă vinegreta peste amestecul de castraveți și ceapă și se amestecă ușor până când toate ingredientele sunt bine acoperite în dressing. Gustați și ajustați condimentele după cum este necesar cu sare, zahăr și piper negru.

c) Acoperiți acest bol și lăsați-l la frigider pentru cel puțin 1 oră pentru a permite aromelor să se topească. Când este gata de servire, dați salată o ultimă amestecare și transferați-o într-un vas de servire.

d) Decorați cu mărar proaspăt, dacă doriți, pentru un plus de aromă. Serviți rece ca garnitură răcoritoare sau ca parte a unui bufet pentru adunări.

e) Bucurați-vă de Salata de castraveți din Estonia de casă, o salată simplă și delicioasă, perfectă pentru vreme caldă sau ca garnitură ușoară și răcoritoare pentru orice masă!

46. Salată de hering (Suitsusilli Salat)

INGREDIENTE:
- 5 fileuri de hering afumate, îndepărtate coaja
- 2 cartofi medii, fierți și tăiați cubulețe
- 1 ceapa rosie mica, tocata marunt
- 1 măr mic, decojit și tăiat cubulețe
- ½ cana mazare conservata, scursa
- ½ cană maioneză
- 2 linguri smantana
- 1 lingură muștar de Dijon
- 1 lingura suc proaspat de lamaie
- Piper negru, dupa gust
- Sarat la gust
- Mărar proaspăt sau arpagic, pentru ornat (opțional)

INSTRUCȚIUNI:

a) Într-un bol de amestecare potrivit, fulgi fileurile de hering afumat în bucăți mici. Adăugați cartofii fierți tăiați cubulețe, ceapa roșie tocată, mărul tăiat cubulețe și mazărea conservată în castronul cu heringul. Într-un castron separat, amestecați maioneza, smântâna, muștarul de Dijon și sucul de lămâie pentru a face dressingul.

b) Se toarnă dressingul peste amestecul de hering și legume și se amestecă ușor până când toate ingredientele sunt bine acoperite în dressing. Gustați și ajustați condimentele după cum este necesar cu piper negru și sare.

c) Acoperiți acest bol și lăsați-l la frigider pentru cel puțin 1 oră pentru a permite aromelor să se topească. Când este gata de servire, dați salată o ultimă amestecare și transferați-o într-un vas de servire.

d) Decorați cu mărar proaspăt sau arpagic, dacă doriți, pentru un plus de prospețime și prezentare. Serviți rece ca aperitiv sau garnitură delicioasă și unică pentru ocazii festive.

e) Savurați salata de hering din Estonia de casă, un fel de mâncare aromat și satisfăcător care prezintă gustul unic al heringului afumat!

47. Salata de morcovi (Porgandisalat)

INGREDIENTE:
- 4 morcovi medii, decojiti si rasi
- 1 ceapa rosie mica, tocata marunt
- 1 măr mic, decojit și ras
- ½ cana mazare conservata, scursa
- 2 linguri de otet alb
- 2 linguri ulei vegetal
- 1 lingurita zahar
- ½ lingurita sare
- ¼ lingurita piper negru
- Pătrunjel sau mărar proaspăt, pentru ornat (opțional)

INSTRUCȚIUNI:

a) Într-un bol de amestecare potrivit, amestecați morcovii rasi, ceapa roșie tocată, mărul ras și mazărea conservată.

b) Într-un bol potrivit, amestecați oțetul alb, uleiul vegetal, zahărul, piperul negru și sarea pentru a face vinegreta. Turnați vinegreta peste amestecul de morcovi și legume și amestecați ușor până când toate ingredientele sunt bine acoperite în dressing.

c) Gustați și ajustați condimentele după cum este necesar cu sare, zahăr și piper negru.

d) Acoperiți acest bol și lăsați-l la frigider pentru cel puțin 1 oră pentru a permite aromelor să se topească. Când este gata de servire, dați salată o ultimă amestecare și transferați-o într-un vas de servire. Decorați cu pătrunjel proaspăt sau mărar, dacă doriți, pentru un plus de aromă și prospețime.

e) Serviți rece ca garnitură răcoritoare pentru orice masă. Savurați salata de morcovi estoniană de casă, o garnitură colorată și gustoasă care completează o gamă largă de feluri principale!

48. Salată de varză (Kapsasalat)

INGREDIENTE:
- 4 căni de varză verde, mărunțită mărunt
- 1 ceapa rosie mica, tocata marunt
- 1 morcov mic, decojit și ras
- 1 măr mic, decojit și ras
- 2 linguri de otet alb
- 2 linguri ulei vegetal
- 1 lingurita zahar
- ½ lingurita sare
- ¼ lingurita piper negru
- Pătrunjel sau mărar proaspăt, pentru ornat (opțional)

INSTRUCȚIUNI:
a) Într-un bol de amestecare potrivit, amestecați varza mărunțită, ceapa roșie tocată, morcovul ras și mărul ras. Într-un bol potrivit, amestecați oțetul alb, uleiul vegetal, zahărul, piperul negru și sarea pentru a face vinegreta.
b) Se toarnă vinegreta peste amestecul de varză și legume și se amestecă ușor până când toate ingredientele sunt bine acoperite în dressing. Gustați și ajustați condimentele după cum este necesar cu sare, zahăr și piper negru.
c) Acoperiți acest bol și lăsați-l la frigider pentru cel puțin 1 oră pentru a permite aromelor să se topească. Când este gata de servire, dați salată o ultimă amestecare și transferați-o într-un vas de servire. Decorați cu pătrunjel proaspăt sau mărar, dacă doriți, pentru un plus de prospețime și prezentare. Serviți rece ca o garnitură crocantă și răcoritoare pentru orice masă.
d) Bucurați-vă de Salata de varză estonă de casă, o salată simplă și delicioasă care completează o gamă largă de feluri principale și adaugă o doză sănătoasă de legume mesei tale!

49.Salata de rosii si castraveti (Tomati-Kurgisalat)

INGREDIENTE:
- 2 roșii mari, tăiate cubulețe
- 1 castravete mare, curatat de coaja si taiat cubulete
- 1 ceapa rosie mica, tocata marunt
- 2 linguri de otet alb
- 2 linguri ulei vegetal
- 1 lingurita zahar
- ½ lingurita sare
- ¼ lingurita piper negru
- Pătrunjel sau mărar proaspăt, pentru ornat (opțional)

INSTRUCȚIUNI:

a) Într-un bol de amestecare potrivit, amestecați roșiile tăiate cubulețe, castraveții tăiați cubulețe și ceapa roșie tocată. Într-un bol potrivit, amestecați oțetul alb, uleiul vegetal, zahărul, piperul negru și sarea pentru a face vinegreta.

b) Turnați vinegreta peste amestecul de roșii și castraveți și amestecați ușor până când toate ingredientele sunt bine acoperite în dressing. Gustați și ajustați condimentele după cum este necesar cu sare, zahăr și piper negru.

c) Acoperiți acest bol și lăsați-l la frigider pentru cel puțin 30 de minute pentru a permite aromelor să se topească și salată să se răcească. Când este gata de servire, dați salată o ultimă amestecare și transferați-o într-un vas de servire.

d) Decorați cu pătrunjel proaspăt sau mărar, dacă doriți, pentru un plus de prospețime și prezentare. Serviți rece ca garnitură ușoară și răcoritoare pentru orice masă.

e) Bucurați-vă de salata estonă de casă cu roșii și castraveți, o salată perfectă pentru a prezenta aromele roșiilor și castraveților proaspete într-un mod simplu, dar delicios!

50. Salată mixtă (Segasalat)

INGREDIENTE:
- 2 cartofi medii, curățați și fierți până se înmoaie în furculiță
- 2 sfeclă medie, curățată de coajă, fiartă până când se înmoaie în furculiță și tăiată cubulețe
- 2 morcovi medii, curatati de coaja, fierti pana devin fragezi in furculita si taiati cubulete
- 1 cană mazăre congelată, decongelată
- 1 ceapa rosie mica, tocata marunt
- 2 linguri de otet alb
- 2 linguri ulei vegetal
- 1 lingurita zahar
- ½ lingurita sare
- ¼ lingurita piper negru
- Pătrunjel sau mărar proaspăt, pentru ornat (opțional)

INSTRUCȚIUNI:
a) Într-un bol de amestecare potrivit, amestecați cartofii fierți tăiați cubulețe, sfecla fiartă tăiată cubulețe, morcovii fierți tăiați, mazărea dezghețată și ceapa roșie tocată.
b) Într-un castron potrivit, amestecați oțetul alb, uleiul vegetal, zahărul, piperul negru și sarea pentru a face vinegreta. Se toarnă vinegreta peste legumele amestecate și se amestecă ușor până când toate ingredientele sunt bine acoperite în dressing. Gustați și ajustați condimentele după cum este necesar cu sare, zahăr și piper negru.
c) Acoperiți acest bol și lăsați-l la frigider pentru cel puțin 1 oră pentru a permite aromelor să se topească și salata să se răcească. Când este gata de servire, dați salată o ultimă amestecare și transferați-o într-un vas de servire. Decorați cu pătrunjel proaspăt sau mărar, dacă doriți, pentru un plus de prospețime și prezentare.
d) Serviți rece ca garnitură delicioasă și colorată sau fel principal ușor și sănătos.

SUPE

51. Supă de mazăre (Hernesupp)

INGREDIENTE:
- 1 cană de mazăre galbenă uscată
- 1 ceapa mare, tocata
- 2 morcovi, curatati si taiati cubulete
- 2 cartofi, curatati si taiati cubulete
- 8 oz. carne de porc sau bacon afumat, taiat cubulete
- 1 frunză de dafin
- 1 lingurita de cimbru, uscat
- Piper negru, dupa gust
- Sarat la gust
- Mărar proaspăt, pentru garnitură (opțional)

INSTRUCȚIUNI:
a) Clătiți mazărea uscată în apă rece și înmuiați-o în apă peste noapte sau timp de cel puțin 6 ore.
b) Scurgeți mazărea înmuiată și transferați-le într-o oală potrivită pentru supă. Adăugați suficientă apă pentru a acoperi mazărea cu aproximativ 2 inci.
c) Se amestecă ceapa tocată, morcovii tăiați cubulețe, cartofii tăiați cubulețe, carnea de porc sau slănină afumată, frunza de dafin și cimbru uscat în oală.
d) Aduceți supa la fiert la foc mediu-mare, apoi reduceți focul la mic și lăsați-o să fiarbă aproximativ 1 oră, până când mazărea și legumele sunt fragede. Asezonați liberal supa cu piper negru și sare după gust.
e) Scoateți frunza de dafin și aruncați-o. Se servește fierbinte, ornat cu mărar proaspăt dacă se dorește. Savurați supa tradițională de mazăre din Estonia (Hernesupp)!

52.Supă estonă cu piure de dovleac

INGREDIENTE:
- 1 dovleac mic (aproximativ 2 lbs.), curățat, fără semințe și tăiat în cuburi mici
- 1 ceapa mare, tocata
- 2 catei de usturoi, tocati
- 2 morcovi medii, decojiti si tocati
- 2 cartofi medii, curatati si tocati
- 4 căni de bulion de legume
- 1 cană smântână groasă
- 2 linguri de unt
- 1 lingurita de cimbru, uscat
- Piper negru, dupa gust
- Sarat la gust
- Pătrunjel proaspăt, pentru garnitură (opțional)

INSTRUCȚIUNI:
a) Într-o oală potrivită, se topește untul la foc mediu. Se amestecă ceapa tocată și usturoiul tocat și se călesc timp de 3-4 minute, până se înmoaie.

b) Se amestecă în oală dovleacul tocat, morcovii, cartofii și cimbru uscat. Se amestecă pentru a combina. Se toarnă bulionul de legume și se aduce la fierbere. Reduceți focul la mic, acoperiți oala și fierbeți timp de 20-25 de minute, până când legumele sunt fragede. Se ia oala de pe foc și se lasa supa sa se raceasca putin.

c) Folosiți un blender de imersie sau un blender obișnuit pentru a face supa în piure până la omogenizare. Întoarceți supa în oală, adăugați smântâna groasă și amestecați pentru a se combina. Încinge supa la foc mic până se încălzește, dar nu fierbe. Asezonați liberal supa cu piper negru și sare după gust.

d) Pune supa piure de dovleac fierbinte în boluri și ornează cu pătrunjel proaspăt, dacă se dorește. Serviți fierbinte și bucurați-vă de delicioasa supă estonă cu piure de dovleac!

53. Supă de ciuperci (Seenesupp)

INGREDIENTE:
- 1 lb. ciuperci proaspete, feliate
- 1 ceapa mare, tocata
- 2 catei de usturoi, tocati
- 3 linguri de unt
- 3 linguri de făină universală
- 4 cesti supa de legume sau ciuperci
- 1 frunză de dafin
- 1 lingurita de cimbru, uscat
- 1 cană smântână groasă
- Piper negru, dupa gust
- Sarat la gust
- Pătrunjel proaspăt, pentru garnitură (opțional)

INSTRUCȚIUNI:
a) Într-o oală potrivită, topiți untul la foc mediu. Se amestecă ceapa tocată și usturoiul tocat, și se călesc timp de 5-7 minute, până când ceapa este moale și translucidă. Amestecați ciupercile feliate în oală și mai soțiți încă 5-7 minute, până când ciupercile își eliberează lichidul și încep să se rumenească. Stropiți făina peste ciuperci și amestecați bine pentru a se combina. Gatiti 2-3 minute, amestecand continuu, pentru a face un roux.

b) Se toarnă treptat bulionul de legume sau ciuperci, amestecând continuu pentru a evita cocoloașele. Se amestecă în oală foaia de dafin și cimbrul uscat. Aduceți supa la fierbere, apoi reduceți focul la mic și lăsați-o să fiarbă aproximativ 15 minute, până când ciupercile sunt fragede și aromele s-au îmbinat.

c) Scoateți frunza de dafin și aruncați-o. Amestecați smântâna groasă și gătiți încă 5 minute, amestecând din când în când. Asezonați liberal supa cu piper negru și sare după gust.

d) Se ia oala de pe foc si se lasa supa sa se raceasca putin.

e) Folosiți un blender de imersie sau un blender obișnuit pentru a piure supa până la omogenizare, dacă doriți. Reîncălziți supa la foc mic, dacă este necesar, înainte de servire.

f) Ornați cu pătrunjel proaspăt, dacă doriți, și bucurați-vă de delicioasa supă estonă de ciuperci (Seenesupp)!

54.Supă estonă de mazăre (Kaalika-Hernesupp)

INGREDIENTE:
- 1 lingura ulei vegetal
- 1 ceapa, tocata marunt
- 2 catei de usturoi, tocati
- 1 rutabaga (aproximativ 1 lb.), curățată și tăiată cubulețe
- 1 cană mazăre congelată
- 6 căni de bulion de legume
- 2 foi de dafin
- 1 lingurita de cimbru, uscat
- ½ lingurita maghiran, uscat
- Piper negru, dupa gust
- Sarat la gust
- Pătrunjel proaspăt, pentru ornat
- Smântână sau iaurt, pentru servire (opțional)

INSTRUCȚIUNI:

a) Încinge uleiul vegetal într-o oală potrivită la foc mediu. Se amestecă ceapa tocată și usturoiul tocat și se călesc timp de 2-3 minute până se înmoaie. Adăugați rutabaga tăiată cubulețe și mazărea congelată în oală și gătiți încă 2-3 minute. Se toarnă bulionul de legume și se amestecă frunzele de dafin, cimbrul uscat și maghiranul uscat.

b) Se condimenteaza cu piper negru si sare dupa gust. Aduceți supa la fierbere, apoi reduceți focul la mic și lăsați-o să fiarbă aproximativ 30-40 de minute, până când rutabaga este fragedă. Scoateți frunzele de dafin și aruncați-le. Gustați și ajustați condimentele după cum este necesar. Servește Estonia Kaalika-Hernesupp fierbinte, ornata cu pătrunjel proaspăt. Opțional, puteți servi supa cu o praf de smântână sau iaurt deasupra pentru un plus de cremoasă.

c) Savurează-ți delicioasa Rutabaga estonă și supă de mazăre!

55.Supă de pește (Kalasupp)

INGREDIENTE:
- 1 lb. file de pește alb, cum ar fi cod sau eglefin, tăiate în bucăți mici
- 1 ceapa mare, tocata
- 2 morcovi, curatati si taiati cubulete
- 2 cartofi, curatati si taiati cubulete
- 1 praz, curatat si feliat
- 2 linguri de unt
- 4 căni de pește sau bulion de legume
- 1 frunză de dafin
- 1 lingurita de cimbru, uscat
- 1 cană smântână groasă
- Piper negru, dupa gust
- Sarat la gust
- Mărar proaspăt, pentru garnitură (opțional)

INSTRUCȚIUNI:
a) Într-o oală potrivită, topiți untul la foc mediu. Se amestecă ceapa tocată, morcovii tăiați cubulețe, cartofii tăiați cubulețe și prazul feliat și se călesc timp de 5-7 minute, până când legumele se înmoaie. Adăugați fileurile de pește în oală și mai soțiți încă 2-3 minute, până când sunt parțial gătite.

b) Se toarnă bulionul de pește sau de legume și se amestecă în oală frunza de dafin și cimbru uscat. Aduceți supa la fierbere, apoi reduceți focul la mic și lăsați-o să fiarbă aproximativ 15 minute, până când peștele și legumele sunt complet fierte și fragede.

c) Scoateți frunza de dafin și aruncați-o. Amestecați smântâna groasă și gătiți încă 5 minute, amestecând din când în când. Asezonați liberal supa cu piper negru și sare după gust. Se ia oala de pe foc si se lasa supa sa se raceasca putin.

d) Folosiți un blender de imersie sau un blender obișnuit pentru a piure supa până la omogenizare, dacă doriți. Reîncălziți supa la foc mic dacă este necesar înainte de servire.

e) Ornați cu mărar proaspăt, dacă doriți, și bucurați-vă de gustoasa supă de pește estonă (Kalasupp)!

56. Supă de sfeclă (Borsisupp)

INGREDIENTE:
- 2 sfeclă medie, decojită și rasă
- 1 ceapa medie, tocata
- 2 morcovi, curatati si rasi
- 2 cartofi, curatati si taiati cubulete
- 1 lingura de unt
- 4 cesti supa de vita sau de legume
- 2 foi de dafin
- 1 lingurita de cimbru, uscat
- 2 linguri pasta de rosii
- 2 linguri otet de vin rosu
- 2 linguri de zahar
- Piper negru, dupa gust
- Sarat la gust
- Smântână, pentru servire
- Mărar proaspăt, pentru garnitură (opțional)

INSTRUCȚIUNI:

a) Într-o oală potrivită, topiți untul la foc mediu. Se amestecă ceapa tocată și se călește timp de 3-4 minute, până se înmoaie. Se amestecă sfecla rasă, morcovii rasi și cartofii tăiați cubulețe în oală și se călesc încă 3-4 minute.

b) Se toarnă bulionul de vită sau de legume și se amestecă în oală frunzele de dafin, cimbru uscat, pasta de roșii, oțet de vin roșu și zahăr. Aduceți supa la fiert, apoi reduceți focul la mic și lăsați-o să fiarbă aproximativ 30 de minute, până când legumele sunt complet fierte și fragede.

c) Scoateți frunzele de dafin și aruncați-le. Asezonați liberal supa cu piper negru și sare după gust.

d) Se ia oala de pe foc si se lasa supa sa se raceasca putin.

e) Folosiți un blender de imersie sau un blender obișnuit pentru a piure supa până la omogenizare, dacă doriți. Reîncălziți supa la foc mic dacă este necesar înainte de servire.

f) Serviți supa de sfeclă fierbinte, ornată cu o praf de smântână și mărar proaspăt, dacă doriți. Savurați delicioasa supă de sfeclă estonă (Boršisupp) cu culoarea sa vibrantă și aromele bogate!

57. Supă tradițională de varză murată (Hapukapsasupp)

INGREDIENTE:
- 2 cani de varza murata, clatita si scursa
- 1 ceapa mare, tocata marunt
- 2 morcovi medii, decojiti si rasi
- 2 cartofi medii, curatati de coaja si taiati cubulete
- 2 linguri ulei vegetal
- 1 lingura pasta de rosii
- 1 frunză de dafin
- 1 linguriță de semințe de chimen
- 1 lingurita de cimbru, uscat
- 4 cesti supa de legume sau vita
- 2 căni de apă
- Piper negru, dupa gust
- Sarat la gust
- Smântână, pentru servire
- Pătrunjel proaspăt, pentru garnitură (opțional)

INSTRUCȚIUNI:

a) Încinge uleiul vegetal într-o oală potrivită pentru supă la foc mediu. Se amestecă ceapa tocată și se călește timp de 3-4 minute, până se înmoaie.

b) Se amestecă morcovii rasi și cartofii tăiați cubulețe în oală și se călesc încă 3-4 minute. Se amestecă varza murată, pasta de roșii, frunza de dafin, semințele de chimen și cimbru uscat.

c) Gatiti inca 2-3 minute, amestecand din cand in cand. Se toarnă bulionul de legume sau de vită și se amestecă apa în oală. Aduceți supa la fiert, apoi reduceți focul la mic și lăsați-o să fiarbă aproximativ 30-40 de minute, până când legumele sunt complet fierte și fragede.

d) Scoateți frunza de dafin și aruncați-o. Asezonați liberal supa cu piper negru și sare după gust. Se ia oala de pe foc si se lasa supa sa se raceasca putin. Reîncălziți supa la foc mic, dacă este necesar, înainte de servire.

e) Serviți supa de varză murată fierbinte, ornată cu o praf de smântână și pătrunjel proaspăt, dacă doriți. Bucurati-vă de delicioasa supă de varză murată din Estonia (Hapukapsasupp) cu aromele sale acidulate și consistente!

58. Supă de orz (Odrasupp)

INGREDIENTE:
- 1 cană de orz perlat
- 1 ceapa mare, tocata marunt
- 2 morcovi medii, curatati de coaja si taiati cubulete
- 2 cartofi medii, curatati de coaja si taiati cubulete
- 2 linguri ulei vegetal
- 1 frunză de dafin
- 1 lingurita de cimbru, uscat
- 4 cesti supa de legume sau vita
- 4 căni de apă
- Piper negru, dupa gust
- Sarat la gust
- Pătrunjel proaspăt, pentru garnitură (opțional)

INSTRUCȚIUNI:
a) Clătiți orzul perlat sub apă rece și scurgeți-l. Încinge uleiul vegetal într-o oală potrivită pentru supă la foc mediu. Se amestecă ceapa tocată și se călește timp de 3-4 minute, până se înmoaie. Adăugați morcovii și cartofii tăiați cubulețe în oală și mai sotiți încă 3-4 minute.
b) Se amestecă orzul perlat, frunza de dafin și cimbru uscat.
c) Gatiti inca 2-3 minute, amestecand din cand in cand. Se toarnă bulionul de legume sau de vită și se amestecă apa în oală.
d) Aduceți supa la fierbere, apoi reduceți focul la mic și lăsați-o să fiarbă aproximativ 45-60 de minute, până când orzul și legumele sunt complet fierte și fragede.
e) Scoateți frunza de dafin și aruncați-o. Asezonați liberal supa cu piper negru și sare după gust. Se ia oala de pe foc si se lasa supa sa se raceasca putin.
f) Reîncălziți supa la foc mic, dacă este necesar, înainte de servire. Serviți supa de orz fierbinte, ornata cu pătrunjel proaspăt, dacă doriți.
g) Bucurați-vă de delicioasa supă estonă de orz (Odrasupp) cu aromele sale consistente și sănătoase!

59. Supă de varză

INGREDIENTE:
- 1 cap mic de varză, mărunțit
- 1 ceapa mare, tocata marunt
- 2 morcovi, curatati si rasi
- 2 cartofi, curatati si taiati cubulete
- 1 lingura ulei vegetal
- 4 căni de bulion de legume
- 1 frunză de dafin
- 1 lingurita de cimbru, uscat
- Piper negru, dupa gust
- Sarat la gust
- Pătrunjel proaspăt, pentru ornat
- Smântână, pentru servire (opțional)

INSTRUCȚIUNI:

a) Încinge uleiul vegetal într-o oală potrivită la foc mediu. Amestecați ceapa tocată și morcovii rasi în oală și căliți timp de 5 minute, până când legumele se înmoaie.

b) Amestecați varza mărunțită în oală și gătiți încă 5 minute, amestecând din când în când. Se amestecă în oală cartofii tăiați cubulețe, bulionul de legume, frunza de dafin, cimbru uscat, sare și piper. Aduceți acest amestec la fierbere.

c) Reduceți focul la mic și lăsați supa să fiarbă aproximativ 20-25 de minute, până când legumele sunt fragede. Scoateți frunza de dafin din supă și aruncați-o.

d) Gustați supa și potriviți condimentele cu piper negru și sare, dacă este necesar. Se serveste fierbinte, ornata cu patrunjel proaspat.

60. Supă de varză murată din Estonia (Hapukapsasupp)

INGREDIENTE:
- 1 cană de varză murată
- 1 ceapa mare, tocata marunt
- 2 morcovi, curatati si rasi
- 2 cartofi, curatati si taiati cubulete
- 1 lingura ulei vegetal
- 4 cesti supa de legume sau carne
- 1 frunză de dafin
- 1 lingurita de cimbru, uscat
- Piper negru, dupa gust
- Sarat la gust
- Pătrunjel proaspăt, pentru ornat
- Smântână, pentru servire (opțional)

INSTRUCȚIUNI:
a) Clătiți varza murată sub apă rece pentru a îndepărta excesul de saramură și scurgeți-o. Încinge uleiul vegetal într-o oală potrivită la foc mediu. Amestecați ceapa tocată și morcovii rasi în oală și căliți timp de 5 minute, până când legumele se înmoaie.
b) Se amestecă în oală varza murată, cartofii tăiați cubulețe, bulionul de legume sau de carne, foile de dafin, cimbru uscat, sare și piper. Aduceți acest amestec la fierbere.
c) Reduceți focul la mic și lăsați supa să fiarbă aproximativ 20-25 de minute, până când legumele sunt fragede. Scoateți frunza de dafin din supă și aruncați-o.
d) Gustați supa și potriviți condimentele cu piper negru și sare, dacă este necesar. Se serveste fierbinte, ornata cu patrunjel proaspat.
e) Opțional, puteți servi cu o praf de smântână deasupra. Bucurați-vă de supa de varză murată din Estonia!

FELURI PRINCIPALE

61.Tocană de porc și varză murată (Seakapsahautis)

INGREDIENTE:
- 1 lb. umăr de porc, cuburi
- 1 ceapa, tocata marunt
- 2 catei de usturoi, tocati
- 2 cani de varza murata, scursa
- 2 cartofi, curatati si taiati cubulete
- 2 morcovi, curatati si taiati cubulete
- 2 foi de dafin
- 1 linguriță de seminţe de chimen
- 1 lingurita sare
- ½ lingurita piper negru
- 2 cesti supa de vita sau de legume
- 1 lingura ulei vegetal
- 1 lingura de unt
- Pătrunjel proaspăt, pentru ornat

INSTRUCŢIUNI:

a) Încinge uleiul vegetal şi untul într-o oală potrivită sau cuptorul olandez la foc mediu. Amestecaţi carnea de porc tăiată cubuleţe şi gătiţi până se rumenesc pe toate părţile. Scoateţi carnea de porc din oală şi lăsaţi-o deoparte. In aceeasi oala se adauga ceapa tocata si usturoiul tocat. Gatiti pana ce ceapa este inmuiata si translucida.

b) Se amestecă în oală varza murată, cartofii, morcovii, foile de dafin, seminţele de chimen, piper negru şi sare. Se amestecă bine pentru a se combina. Amestecaţi carnea de porc rumenită înapoi în oală, împreună cu bulionul de vită sau de legume. Se aduce la fierbere.

c) Reduceţi focul la mic, acoperiţi oala şi fierbeţi timp de aproximativ 1 oră până când carnea de porc este fragedă şi legumele sunt gătite . Gustaţi şi ajustaţi condimentul cu mai mult piper negru şi sare, dacă este necesar. Scoateţi frunzele de dafin şi aruncaţi-le. Se serveste fierbinte, ornata cu patrunjel proaspat. Savurează-ţi delicioasa tocană de porc şi varză murată din Estonia! Este un fel de mâncare reconfortant şi aromat, perfect pentru vremea rece sau ori de câte ori ai poftă de o masă copioasă.

62.Tocană de vită (Hakklihahautis)

INGREDIENTE:
- 1 lb. carne de vită măcinată
- 1 ceapa, tocata marunt
- 2 catei de usturoi, tocati
- 2 morcovi, curatati si taiati cubulete
- 2 cartofi, curatati si taiati cubulete
- 2 foi de dafin
- 1 lingurita de cimbru, uscat
- 1 lingurita boia
- 1 lingurita sare
- ½ lingurita piper negru
- 2 cesti supa de vita
- 1 lingura ulei vegetal
- 1 lingura de unt
- Pătrunjel proaspăt, pentru ornat

INSTRUCȚIUNI:
a) Încinge uleiul vegetal și untul într-o oală potrivită sau cuptorul olandez la foc mediu. Se amestecă ceapa tocată și usturoiul tocat.
b) Gatiti pana ce ceapa este inmuiata si translucida. Amestecați carnea de vită în oală și gătiți-o, rupând-o cu o lingură, până se rumenește.
c) Se amestecă în oală morcovii tăiați cubulețe, cartofii tăiați cubulețe, foile de dafin, cimbru uscat, boia de ardei, piper negru și sare. Se amestecă bine pentru a se combina.
d) Se amestecă bulionul de vită în oală și se aduce la fierbere. Reduceți focul la mic, acoperiți oala și fierbeți aproximativ 30-40 de minute până când legumele sunt fragede.
e) Gustați și ajustați condimentul cu mai mult piper negru și sare, dacă este necesar. Scoateți frunzele de dafin și aruncați-le. Se serveste fierbinte, ornata cu patrunjel proaspat.
f) Savurează-ți delicioasa tocană de vită estonă! Este un fel de mâncare reconfortant și aromat, care este perfect pentru o masă copioasă. Serviți-l cu pâine sau piure de cartofi pentru o masă completă.

63. Tocană de pui și legume

INGREDIENTE:
- 1 lb. piept sau pulpe de pui dezosate, fără piele, tăiate cubulețe
- 1 ceapa, tocata marunt
- 2 morcovi, curatati si taiati cubulete
- 2 cartofi, curatati si taiati cubulete
- 1 pastarnac, curatat si taiat cubulete
- 2 tulpini de telina, taiate cubulete
- 2 foi de dafin
- 1 lingurita de cimbru, uscat
- 1 lingurita boia
- 1 lingurita sare
- ½ lingurita piper negru
- 2 cesti supa de pui
- 1 lingura ulei vegetal
- 1 lingura de unt
- Pătrunjel proaspăt, pentru ornat

INSTRUCȚIUNI:

a) Încinge uleiul vegetal și untul într-o oală potrivită sau cuptorul olandez la foc mediu. Amestecați ceapa tocată în oală și gătiți până se înmoaie și devine translucide. Adăugați puiul tăiat cubulețe în oală și gătiți până se rumenește pe toate părțile.

b) Se amestecă în oală morcovii tăiați cubulețe, cartofii tăiați cubulețe, păstârnacul tăiat cubulețe, țelina tăiată cubulețe, foile de dafin, cimbru uscat, boia de ardei, piper negru și sare. Se amestecă bine pentru a se combina. Se amestecă bulionul de pui în oală și se aduce la fierbere.

c) Reduceți focul la mic, acoperiți oala și fierbeți aproximativ 30-40 de minute până când legumele sunt fragede și puiul este gătit.

d) Gustați și ajustați condimentul cu mai mult piper negru și sare, dacă este necesar. Scoateți frunzele de dafin și aruncați-le. Se serveste fierbinte, ornata cu patrunjel proaspat.

e) Savurează-ți delicioasa tocană de pui și legume din Estonia! Este un fel de mâncare reconfortant și hrănitor, perfect pentru o masă copioasă. Serviți-l cu pâine sau orez pentru o masă completă.

64.Tocană de fasole (Oa- Või Hernesupp)

INGREDIENTE:
- 2 căni de fasole uscată (fasole albă, fasole sau fasole cu ochi negri), înmuiată peste noapte și scursă
- 1 ceapa, tocata marunt
- 2 morcovi, curatati si taiati cubulete
- 2 cartofi, curatati si taiati cubulete
- 2 tulpini de telina, taiate cubulete
- 2 catei de usturoi, tocati
- 2 foi de dafin
- 1 lingurita de cimbru, uscat
- 1 lingurita sare
- ½ lingurita piper negru
- 4 căni de bulion de legume
- 1 cană piure de roșii
- Pătrunjel proaspăt, pentru ornat

INSTRUCȚIUNI:
a) Într-o oală potrivită sau un cuptor olandez, încălziți puțin ulei sau unt la foc mediu. Se amestecă în oală ceapa tocată, morcovii tăiați cubulețe, țelina și usturoiul tocat.
b) inmoaie legumele .
c) Se amestecă în oală fasolea înmuiată și scursă, cartofii tăiați cubulețe, foile de dafin, cimbru uscat, sare, piper negru, bulion de legume și piure de roșii.
d) Se amestecă bine pentru a se combina. Aduceți acest amestec la fierbere, apoi reduceți focul la mic, acoperiți oala și fierbeți timp de aproximativ 1 până la 1 ½ oră, până când fasolea este gătită și fragedă.
e) Scoateți frunzele de dafin din tocană înainte de servire. Gustați și ajustați condimentul cu mai mult piper negru și sare, dacă este necesar. Se serveste fierbinte, ornata cu patrunjel proaspat.

65. Caserolă de orez cu ciuperci din Estonia (Seeneriis)

INGREDIENTE:
- 1 cană de orez alb cu bob lung
- 2 căni de apă
- ½ lingurita sare
- 4 linguri de unt
- 1 ceapa medie, tocata marunt
- 8 uncii ciuperci proaspete, feliate
- ½ lingurita de cimbru, uscat
- ½ lingurita maghiran uscat
- ½ lingurita sare
- ¼ lingurita piper negru
- 2 linguri de făină universală
- 2 cani de lapte
- 1 cană de brânză rasă (cum ar fi Gouda, Cheddar sau elvețian)
- Pătrunjel proaspăt, tocat (opțional)

INSTRUCȚIUNI:

a) La 350°F, preîncălziți cuptorul. Ungeți o tavă de copt de 9 x 13 inci și lăsați deoparte. Într-o cratiță, amestecați orezul, apa și ½ linguriță de sare.

b) Se aduce la fierbere la foc mediu, apoi se reduce focul la mic, se acoperă tigaia și se fierbe timp de aproximativ 15 minute până când orezul este fiert și apa se absoarbe. Într-o tigaie potrivită, topiți untul la foc mediu. Amestecați ceapa tocată și gătiți aproximativ 5 minute până se înmoaie. Amestecați în tigaie ciupercile feliate, cimbru uscat, maghiran uscat, ½ linguriță de piper negru și sare.

c) Gatiti inca 5 minute pana cand ciupercile sunt fragede. Se amestecă făina și se fierbe timp de 1 minut, amestecând continuu. Adăugați treptat laptele, amestecând continuu pentru a evita cocoloașele. Gatiti 5 minute pana se ingroasa sosul. Se amestecă orezul fiert și jumătate din brânză rasă. Amesteca bine. Turnați amestecul de orez și ciuperci în vasul de copt pregătit. Stropiți deasupra restul de brânză rasă.

d) Coacem in cuptorul preincalzit 25-30 de minute pana cand caserola este clocotita si branza topita si aurie deasupra. Scoateți din cuptor și lăsați-l să se răcească câteva minute înainte de servire.

e) Decorați cu pătrunjel proaspăt tocat, dacă doriți. Serviți fierbinte și bucurați-vă!

66. Caserolă estonă cu varză și orez (Kapsa-Riisivorm)

INGREDIENTE:

- 1 cap mic de varză, mărunțit
- 1 cană de orez alb cu bob lung
- 2 căni de apă
- ½ lingurita sare
- 4 linguri de unt
- 1 ceapa medie, tocata marunt
- 2 catei de usturoi, tocati
- 1 linguriță de semințe de chimen
- ½ lingurita piper negru
- ½ lingurita boia
- ¼ lingurita de nucsoara
- ½ lingurita sare
- 2 linguri de făină universală
- 2 cani de lapte
- 1 cană de brânză rasă (cum ar fi Gouda, Cheddar sau elvețian)
- Pătrunjel proaspăt, tocat (opțional)

INSTRUCȚIUNI:

a) La 350°F, preîncălziți cuptorul. Ungeți o tavă de copt de 9 x 13 inci și lăsați deoparte. Într-o oală potrivită cu apă clocotită, se fierbe varza mărunțită timp de 5 minute. Scurgeți și puneți deoparte.

b) Într-o cratiță, amestecați orezul, apa și ½ linguriță de sare.

c) Se aduce la fierbere la foc mediu, apoi se reduce focul la mic, se acoperă tigaia și se fierbe timp de aproximativ 15 minute până când orezul este fiert și apa se absoarbe. Într-o tigaie potrivită, topiți untul la foc mediu.

d) Amestecați ceapa tocată și gătiți aproximativ 5 minute până se înmoaie.

e) Se amestecă în tigaie usturoiul tocat, semințele de chimen, piperul negru, boia de ardei, nucșoară și ½ linguriță de sare. Gatiti inca 2-3 minute. Se amestecă făina și se fierbe timp de 1 minut, amestecând continuu.

f) Adăugați treptat laptele, amestecând continuu pentru a evita cocoloașele. Gatiti 5 minute pana se ingroasa sosul. Se amestecă varza albă și orezul fiert. Amestecă bine. Turnați amestecul de varză și orez în vasul de copt pregătit. Stropiți deasupra brânza rasă.

g) Coacem in cuptorul preincalzit 25-30 de minute pana cand caserola este clocotita si branza topita si aurie deasupra. Scoateți din cuptor și lăsați-l să se răcească câteva minute înainte de servire.

h) Decorați cu pătrunjel proaspăt tocat, dacă doriți. Serviți fierbinte și bucurați-vă!

67.Se prăjește cu orez și legume din Estonia (Riis Ja Köögiviljad Wokis)

INGREDIENTE:
- 2 cani de orez alb fiert
- 1 cană de legume amestecate (cum ar fi morcovi, ardei gras, mazăre, porumb etc.), tocate
- 1 ceapa mica, tocata marunt
- 2 catei de usturoi, tocati
- 2 linguri ulei vegetal
- 2 linguri sos de soia
- 1 lingura sos de stridii (optional)
- ½ lingurita sare
- ¼ lingurita piper negru
- Coriandru sau pătrunjel proaspăt, tocat (opțional)

INSTRUCȚIUNI:

a) Încinge uleiul vegetal într-un wok sau o tigaie mare la foc mare. Se amestecă ceapa tocată și usturoiul tocat în wok și se prăjesc timp de 1-2 minute până se parfumează. Amestecați legumele amestecate în wok și prăjiți încă 2-3 minute până se înmoaie ușor. Se amestecă orezul fiert în wok și se prăjește încă 2-3 minute, amestecând continuu pentru a nu se lipi.

b) Se amestecă sosul de soia și sosul de stridii (dacă se folosește) în wok și se prăjesc încă un minut, până când sosul este bine distribuit și orezul și legumele sunt acoperite uniform. Se condimenteaza cu piper negru si sare dupa gust.

c) Reglați condimentele după preferințe. Se ia de pe foc si se transfera intr-un vas de servire. Decorați cu coriandru proaspăt sau pătrunjel, dacă doriți.

d) Serviți fierbinte și bucurați-vă de prăjitul de orez și legume din Estonia!

68.Cartofi din Estonia la cuptor (Ahjukartulid)

INGREDIENTE:
- 5 cartofi mari, curatati de coaja si taiati cubulete mici
- 1 ceapa mare, tocata marunt
- 2 catei de usturoi, tocati
- 3 linguri ulei vegetal
- 1 lingurita de cimbru, uscat
- 1 lingurita boia
- Piper negru, dupa gust
- Sarat la gust
- Pătrunjel proaspăt, pentru garnitură (opțional)

INSTRUCȚIUNI:

a) La 400°F, preîncălziți cuptorul. Într-un castron potrivit, aruncați cubulețele de cartofi cu ceapa tocată, usturoiul tocat, uleiul vegetal, cimbru uscat, boia de ardei, sare și piper.

b) Asigurați-vă că cartofii sunt acoperiți uniform cu amestecul de condimente. Transferați cartofii condiționați într-o tavă de copt sau foaie tapetată cu hârtie de copt, întindeți-i într-un strat uniform.

c) Coaceți cartofii în cuptorul preîncălzit pentru 25-30 de minute, până devin aurii și crocanți la exterior și fragezi pe interior. Amestecați cartofii din când în când în timpul coacerii pentru a asigura o gătire uniformă. Scoateți cartofii din cuptor și lăsați-i să se răcească puțin.

d) Decorați cu pătrunjel proaspăt, dacă doriți, și serviți fierbinte ca garnitură delicioasă sau gustare.

e) Bucurați-vă de gustoșii tăi cartofi la cuptor din Estonia!

69.Sos de legume tocate

INGREDIENTE:
- 1 lingura ulei vegetal
- 1 ceapa, tocata marunt
- 2 catei de usturoi, tocati
- 1 morcov, decojit și ras
- 1 dovlecel mic, ras
- 1 cană de proteină vegetală texturată (TVP) sau tocată de legume
- 2 căni de bulion de legume
- 1 lingura pasta de rosii
- 1 lingurita boia
- ½ lingurita de cimbru, uscat
- ½ linguriță de oregano, uscat
- 1 frunză de dafin
- ½ cană piure de roșii
- 1 lingura sos de soia
- Piper negru, dupa gust
- Sarat la gust
- Pătrunjel proaspăt, pentru ornat

INSTRUCȚIUNI:

a) Încinge uleiul vegetal într-o tigaie sau o oală potrivită la foc mediu. Se amestecă ceapa tocată și usturoiul tocat și se călesc timp de 2-3 minute până se înmoaie. Se amestecă morcovul ras și dovlecelul și se mai fierbe încă 2-3 minute până încep să se înmoaie.

b) Adăugați proteina vegetală texturată (TVP) sau tocată de legume în tigaie și gătiți timp de 2-3 minute până se rumenește ușor.

c) Se amestecă bulionul de legume, pasta de roșii, boia de ardei, cimbru uscat, oregano uscat, foi de dafin, piure de roșii și sosul de soia. Se condimenteaza cu piper negru si sare dupa gust.

d) Aduceți acest amestec la fiert, apoi reduceți focul la mic și lăsați-l să fiarbă 15-20 de minute, amestecând din când în când. Scoateți frunza de dafin și aruncați-o. Gustați și ajustați condimentele după cum este necesar.

e) Servește sosul estonian de legume tocate fierbinte peste piure de cartofi, orez sau paste. Se ornează cu pătrunjel proaspăt înainte de servire. Bucurați-vă de deliciosul sos Veggie Mince!

70.Kõrvitsakotletid

INGREDIENTE:
- 2 căni de dovleac, ras
- 1 ceapa mica, tocata marunt
- 2 catei de usturoi, tocati
- ½ cană făină universală
- 2 oua
- 1 lingurita praf de copt
- 1 lingurita sare
- ½ lingurita piper negru
- ½ lingurita de cimbru, uscat
- ¼ lingurita de nucsoara macinata
- ¼ lingurita boia
- Ulei, pentru prajit

INSTRUCȚIUNI:

a) Puneți dovleacul ras într-un prosop curat de bucătărie sau o cârpă de brânză și stoarceți orice exces de umiditate. Într-un bol de amestecare potrivit, amestecați dovleacul ras, ceapa tocată, usturoiul tocat, făina, ouăle, praful de copt, sare, piper, cimbru, nucșoară și boia de ardei. Se amestecă bine pentru a forma un aluat gros.

b) Încinge aproximativ ¼ inch de ulei într-o tigaie la foc mediu. Puneți linguri de aluat de dovleac în uleiul fierbinte și aplatizați-le ușor cu dosul unei linguri pentru a forma chiftelușe. Prăjiți chiftelele timp de 3-4 minute pe fiecare parte, până devin aurii și crocante.

c) Scoateți chiftelele din tigaie și puneți-le pe o farfurie tapetată cu un prosop de hârtie pentru a scurge excesul de ulei. Repetați procesul cu aluatul rămas, adăugând mai mult ulei în tigaie, după cum este necesar.

d) Servește Kõrvitsakotletid din Estonia fierbinte ca garnitură sau gustare. Bucurați-vă de delicioaselе tale chifteline de dovleac estoniene!

71. Pajaroog

INGREDIENTE:
- 1 kg carne de vită, tăiată cuburi
- 1 ceapa mare, tocata marunt
- 2 morcovi, curatati si taiati cubulete
- 2 cartofi, curatati si taiati cubulete
- 1 cană bulion de vită
- 1 cană smântână groasă
- 2 linguri de faina
- 2 linguri de unt
- 2 linguri ulei vegetal
- Piper negru, dupa gust
- Sarat la gust
- Pătrunjel proaspăt, pentru ornat

INSTRUCȚIUNI:

a) La 350°F, preîncălziți cuptorul. Într-o oală potrivită pentru cuptor sau într-o caserolă, încălziți uleiul vegetal și untul la foc mediu-mare. Se amestecă cuburile de vită și se prăjesc pe toate părțile până se rumenesc. Scoateți carnea de vită din oală și lăsați-o deoparte. In aceeasi oala se adauga ceapa tocata si morcovii.

b) Gatiti pana cand legumele se inmoaie , aproximativ 5 minute. Se amestecă făina și se fierbe încă 2-3 minute, până când făina se rumenește ușor. Adăugați treptat bulionul de vită și smântana groasă, amestecând constant pentru a evita cocoloașele.

c) Adăugați cartofii tăiați cubulețe și cubulețele de vită prăjite înapoi în oală. Se condimenteaza cu piper negru si sare dupa gust. Aduceți acest amestec la fierbere, apoi acoperiți oala cu un capac și transferați la cuptorul preîncălzit.

d) Coaceți aproximativ 1,5 până la 2 ore, până când carnea de vită este fragedă și legumele sunt gătite .

e) Scoateți din cuptor și lăsați caserola să se odihnească câteva minute înainte de servire. Se ornează cu pătrunjel proaspăt, dacă se dorește, și se servește fierbinte.

72.Chiftele de vită estoniene (Lihapallid)

INGREDIENTE:
- 1 lb. carne de vită măcinată
- 1 ceapa mica, tocata marunt
- 1 catel de usturoi, tocat
- 1 ou
- ½ cană pesmet
- ¼ cană lapte
- 1 lingura patrunjel proaspat, tocat marunt
- 1 lingurita sare
- ½ lingurita piper negru
- ½ lingurita boia
- ¼ de linguriță de ienibahar măcinat
- ¼ lingurita de nucsoara macinata
- 2 linguri ulei vegetal, pentru prajit

INSTRUCȚIUNI:

a) Într-un bol de amestecare potrivit, amestecați carnea de vită, ceapa tocată, usturoiul tocat, oul, pesmetul, laptele, pătrunjelul, sare, piper, boia de ardei, ienibahar și nucșoară. Se amestecă bine până când toate ingredientele sunt bine combinate .

b) Modelați acest amestec în chiftele mici folosind mâinile. Într-o tigaie potrivită, încălziți uleiul vegetal la foc mediu.

c) Amestecați chiftelele în tigaie și gătiți aproximativ 5-7 minute, întorcându-le din când în când, până se rumenesc pe toate părțile și sunt fierte .

d) Odată ce chiftelele sunt fierte, scoateți-le din tigaie și puneți-le pe o farfurie tapetată cu un prosop de hârtie pentru a absorbi orice exces de ulei.

e) Servește chiftelele de vită estoniene fierbinți cu garnitura ta preferată, cum ar fi piure de cartofi, orez sau legume.

73.Rulete de vită estoniene (Räimerullid)

INGREDIENTE:
- 4 felii subțiri de vită (friptură de flanc sau mușchiu), aproximativ 8 oz. fiecare
- 4 felii de bacon
- 1 ceapa mica, tocata marunt
- 1 catel de usturoi, tocat
- 2 linguri ulei vegetal
- 2 linguri muștar de Dijon
- 4 murături mici (cornișoare), tăiate în jumătate pe lungime
- Piper negru, dupa gust
- Sarat la gust

INSTRUCȚIUNI:

a) Așezați feliile de carne de vită pe o suprafață plană și asezonați cu piper negru și sare după gust. Într-o tigaie potrivită, încălziți uleiul vegetal la foc mediu. Se amestecă ceapa tocată și usturoiul tocat și se călesc până se înmoaie, aproximativ 3-4 minute.

b) Puneți o felie de slănină, o lingură potrivită de amestec de ceapă și usturoi sotate și jumătate de murătură deasupra fiecărei felii de vită. Rulați strâns feliile de carne de vită, inserând părțile laterale pe măsură ce mergeți și fixați-le cu scobitori pentru a ține ruladele împreună. Încinge o tigaie potrivită la foc mediu-înalt. Adăugați puțin ulei vegetal, dacă este necesar.

c) Puneți cu grijă ruladele de vită în tigaia fierbinte și prăjiți pe toate părțile până se rumenesc, aproximativ 2-3 minute pe fiecare parte. Reduceți focul la mic și continuați să gătiți ruladele pentru încă 10-15 minute, întorcându-le din când în când, până când sunt gătite la nivelul dorit de fierbere.

d) Scoateți ruladele de vită din tigaie și lăsați-le să se odihnească câteva minute înainte de a scoate scobitorii și de a le tăia în cruce în rondele.

e) Serviți ruladele de vită estoniene fierbinți cu garnitura preferată, cum ar fi cartofi prăjiți, legume la abur sau piure de cartofi.

74.Chirintele estoniene de vită (Hakklihakotletid)

INGREDIENTE:
- 1 lb. carne de vită măcinată
- 1 ceapa mica, tocata marunt
- 2 catei de usturoi, tocati
- 1 ou
- ½ cană pesmet
- ½ lingurita sare
- ¼ lingurita piper negru
- ¼ lingurita boia
- 2 linguri ulei vegetal, pentru prajit

INSTRUCȚIUNI:
a) Într-un bol de amestecare potrivit, amestecați carnea de vită tocată, ceapa tocată, usturoiul tocat, oul, pesmetul , sarea, piperul negru și boia de ardei.
b) Se amestecă bine până când toate ingredientele sunt încorporate uniform. Modelați amestecul de carne de vită în chiftelute, de aproximativ 2-3 inchi în diametru și ½ inch grosime.
c) Încinge uleiul vegetal într-o tigaie la foc mediu. Adăugați chiftelele de vită în tigaia fierbinte și gătiți timp de 3-4 minute pe fiecare parte, până când sunt fierte și au o crustă aurie la exterior.
d) Transferați chiftelele de vită gătite pe o farfurie tapetată cu un prosop de hârtie pentru a scurge excesul de ulei.
e) Servește chiftelele de vită estoniene fierbinți cu garnitura ta preferată, cum ar fi piure de cartofi, legume la abur sau o salată proaspătă.

75.Hering rulat din Estonia (Räimerullid)

INGREDIENTE:
- 8 file de hering murat
- 8 cartofi mici fierți
- 1 ceapa rosie mica, tocata marunt
- 1 lingură mărar proaspăt, tocat
- 1 lingură smântână sau maioneză
- Piper negru, dupa gust
- Sarat la gust

INSTRUCȚIUNI:
a) Clătiți fileurile de hering murat sub apă rece pentru a îndepărta excesul de saramură. Uscați cu prosoape de hârtie. Într-un castron potrivit, amestecați împreună ceapa roșie tocată, mărar proaspăt, smântână sau maioneză, piper negru și sare.
b) Așezați fileurile de hering pe o suprafață curată, cu pielea în jos.
c) Puneți un cartof fiert potrivit pe fiecare file de hering și întindeți deasupra cartofului o cantitate potrivită de amestec de ceapă și mărar. Rulați fileurile de hering cu cartoful și umplutura înăuntru, fixându-le cu o scobitoare, dacă este necesar.
d) Aranjați rulourile de hering pe o farfurie de servire și lăsați-le la frigider pentru cel puțin 1 oră înainte de servire pentru a permite aromelor să se îmbine.
e) Serviți rulourile de hering estoniene ca aperitiv, ornate cu mărar proaspăt suplimentar, dacă doriți.

76. Caserolă de vită și cartofi

INGREDIENTE:
- 1 lb. carne tocană de vită, tăiată cubulețe
- 4 cartofi medii, decojiti si taiati felii subtiri
- 1 ceapa mare, tocata marunt
- 2 catei de usturoi, tocati
- 2 linguri ulei vegetal
- 2 linguri de făină universală
- 2 cesti supa de vita
- 1 cană smântână
- 1 lingurita boia
- ½ lingurita sare
- ¼ lingurita piper negru
- Pătrunjel proaspăt tocat, pentru ornat

INSTRUCȚIUNI:

a) La 350°F, preîncălziți cuptorul. Într-o tavă potrivită pentru cuptor sau un cuptor olandez, încălziți uleiul vegetal la foc mediu. Se amestecă ceapa tocată și usturoiul tocat și se călesc până se înmoaie, aproximativ 3-4 minute. Adăugați carnea de tocană de vită tăiată cubulețe în caserolă și gătiți până se rumenește pe toate părțile, aproximativ 5-7 minute.

b) Scoateți carnea de vită din caserolă și lăsați-o deoparte. În aceeași caserolă, amestecați făina și gătiți timp de 1-2 minute, amestecând continuu, până devin ușor aurii.

c) Adăugați treptat bulionul de vită, răzuind orice bucăți rumenite de pe fundul caserolei.

d) Se aduce la fierbere și se fierbe 2-3 minute, până când sosul se îngroașă ușor.

e) Se amestecă smântâna, boia de ardei, piper negru și sarea până se omogenizează bine. Adăugați cartofii tăiați felii și carnea de vită rumenită înapoi în tava, amestecând pentru a le acoperi cu sos. Acoperiți vasul cu un capac sau folie de aluminiu și transferați-l în cuptorul preîncălzit.

f) Coaceți 45-50 de minute, până când cartofii sunt fragezi și carnea de vită este gătită.

g) Scoateți caserola din cuptor și lăsați-o să se odihnească câteva minute înainte de servire. Se ornează cu pătrunjel proaspăt tocat înainte de servire.

77.Marmorliha

INGREDIENTE:
- 1 lb. friptură de vită, feliată subțire
- 1 ceapa mare, tocata marunt
- 2 catei de usturoi, tocati
- 2 linguri de unt
- 2 linguri de făină universală
- 2 cesti supa de vita
- 1 cană smântână groasă
- 1 lingură sos Worcestershire
- 1 lingură muștar de Dijon
- Piper negru, dupa gust
- Sarat la gust
- Pătrunjel proaspăt, pentru ornat

INSTRUCȚIUNI:
a) Se încălzește o tigaie potrivită la foc mediu-mare și se topește untul. Amestecați carnea de vită feliată în tigaie și gătiți până se rumenesc pe ambele părți, aproximativ 2-3 minute pe fiecare parte.
b) Scoateți carnea de vită din tigaie și lăsați-o deoparte. În aceeași tigaie, amestecați ceapa tocată și usturoiul tocat și căleți până se înmoaie, aproximativ 3-4 minute.
c) Se amestecă făina și se fierbe timp de 1-2 minute, amestecând continuu, până devine ușor auriu.
d) Adăugați treptat bulionul de vită, răzuind orice bucăți rumenite de pe fundul tigaiei.
e) Se aduce la fierbere și se fierbe 2-3 minute, până când sosul se îngroașă ușor. Se amestecă smântâna groasă, sosul Worcestershire și muștarul Dijon până se combină bine.
f) Se condimenteaza cu piper negru si sare dupa gust. Întoarceți feliile de carne de vită gătite în tigaie și gătiți încă 5-7 minute, până când carnea de vită este gătită și sosul s-a îngroșat până la consistența dorită.
g) Scoateți tigaia de pe foc și lăsați-o să se odihnească câteva minute înainte de servire.
h) Se orneaza cu pătrunjel proaspăt tocat înainte de servire.

78. Caserolă de pui și paste

INGREDIENTE:
- 1 lb. piept sau pulpe de pui dezosate, fără piele, tăiate cubulețe
- 9 oz. paste (macaroane, fusilli sau penne)
- 1 ceapa medie, tocata marunt
- 2 catei de usturoi, tocati
- 2 linguri de unt
- 2 linguri de făină universală
- 2 cesti supa de pui
- 1 cană smântână groasă
- 1 cană de brânză (cheddar sau mozzarella), măruntită
- ½ lingurita de cimbru, uscat
- Piper negru, dupa gust
- Sarat la gust
- Pătrunjel proaspăt, pentru ornat

INSTRUCȚIUNI:
a) La 350°F, preîncălziți cuptorul și ungeți o tavă de copt de 9 x 13 inci. Gatiti pastele conform instrucțiunilor de pe ambalaj pana al dente. Scurgeți și puneți deoparte. Într-o tigaie potrivită, topiți untul la foc mediu. Se amestecă ceapa tocată și usturoiul tocat și se călesc până se înmoaie, aproximativ 3-4 minute.

b) Se amestecă puiul tăiat cubulețe în tigaie și se gătește până când nu mai devine roz, aproximativ 5-6 minute. Se amestecă făina și se fierbe încă 1-2 minute, până devine ușor auriu.

c) Adăugați treptat bulionul de pui și smântâna groasă, amestecând constant pentru a evita cocoloașele. Gatiti acest amestec, amestecand des, pana se ingroasa, aproximativ 5 minute. Se amestecă brânza măruntită, cimbru uscat, sare și piper.

d) Continuați să amestecați până când brânza se topește și sosul este omogen. Scoateți tigaia de pe foc și amestecați pastele fierte până când sunt acoperite uniform cu sosul. Transferați acest amestec în tava de copt unsă și întindeți-l într-un strat uniform.

e) Coacem in cuptorul preincalzit pentru 20-25 de minute, pana blatul devine auriu si clocotos. Scoateți din cuptor și lăsați-l să se răcească câteva minute înainte de servire.

f) Se orneaza cu patrunjel proaspat, daca se doreste, inainte de servire. Savurează-ți delicioasa caserolă de pui și paste din Estonia!

79. Wrapuri de pui estoniene (Kanawrapid)

INGREDIENTE:
- 1 lb. piept de pui dezosat, fără piele, feliat subțire
- 1 ceapă mare, tăiată subțire
- 1 ardei gras mare, feliat subțire
- 2 catei de usturoi, tocati
- 2 linguri ulei vegetal
- 1 lingura sos de soia
- 1 lingură sos Worcestershire
- 1 lingurita boia
- Piper negru, dupa gust
- Sarat la gust
- Wrapuri de tortilla sau turte subțiri
- Frunze de salata verde, pentru impachetat (optional)

INSTRUCȚIUNI:

a) Într-o tigaie potrivită, încălziți uleiul vegetal la foc mediu-mare. Se amestecă pieptul de pui feliat subțire și se gătește până când nu mai devin roz și sunt gătiți, aproximativ 5-6 minute. Scoateți din tigaie și lăsați deoparte.

b) În aceeași tigaie, mai adăugați puțin ulei, dacă este necesar, apoi adăugați ceapa tăiată felii, ardeiul gras și usturoiul tocat. Se calesc pana se inmoaie legumele, aproximativ 3-4 minute. Se amestecă puiul fiert înapoi în tigaie cu legumele sotate. Se amestecă sosul de soia, sosul Worcestershire, boia de ardei, sare și piper.

c) Gatiti inca 2-3 minute, amestecand din cand in cand, pentru a permite aromelor sa se topeasca. Se ia de pe foc si se lasa amestecul de pui si legume sa se raceasca putin. Încălzește împachetările cu tortilla sau turțile subțiri conform instrucțiunilor de pe ambalaj.

d) Pune o lingură din amestecul de pui și legume pe fiecare înveliș de tortilla sau pâine. Dacă doriți, adăugați frunze de salată verde deasupra amestecului de pui și legume pentru un plus de crocant și prospețime.

e) Înfășurați tortilla sau pâinea, înfășurând părțile laterale pe măsură ce mergeți.

f) Servește imediat și bucură-te de delicioaselele tale împachetări estoniene de pui!

80. Cotlete de porc la grătar (Grillitud Seakarbonaad)

INGREDIENTE:
- 5 cotlete de porc
- ¼ cană ulei vegetal
- ¼ cană oțet de vin alb
- 1 lingurita sare
- ½ lingurita piper negru

INSTRUCȚIUNI:

a) Într-un castron potrivit, amestecați ulei vegetal, oțet de vin alb, piper negru și sare pentru a face marinada. Puneți cotletele de porc într-un vas puțin adânc și turnați marinata peste ele, asigurându-vă că fiecare cotlet este bine acoperit.

b) Acoperiți vasul cu folie de plastic și lăsați cotletele de porc la marinat la frigider pentru cel puțin 30 de minute sau peste noapte pentru rezultate optime. Preîncălziți grătarul sau grătarul la foc mediu-mare. Scoateți cotletele de porc din marinadă și scuturați excesul de marinată.

c) Puneți cotletele de porc pe grătarul preîncălzit și puneți la grătar aproximativ 5-6 minute pe fiecare parte, până când sunt fierte și au urme de grătar. Scoateți cotletele de porc de pe grătar și lăsați-le să se odihnească câteva minute înainte de servire.

d) Serviți cald cu garniturile sau condimentele preferate și bucurați-vă de cotletele de porc la grătar din Estonia!

81. Frigarui de vita si legume (Veiseliha- ja Köögiviljavardad)

INGREDIENTE:
- 2 lb. mușchiu sau muschi de vită, tăiat în bucăți
- 1 ardei gras, taiat in bucatele
- 1 ceapă roșie, tăiată în bucăți
- 6 roșii cherry
- 2 linguri ulei de masline
- 1 lingura otet de vin rosu
- 1 lingurita rozmarin proaspat, tocat
- Piper negru, dupa gust
- Sarat la gust

INSTRUCȚIUNI:
a) Așezați carnea de vită, ardeiul gras, ceapa roșie și roșiile cherry pe frigărui, alternând bucățile.
b) Într-un castron potrivit, amestecați uleiul de măsline, oțetul de vin roșu, rozmarinul, sare și piper pentru a face o marinadă. Ungeți marinada peste frigărui.
c) Frigaruile la gratar pe gratar sau gratar timp de aproximativ 8-10 minute, intoarcendu-le din cand in cand, pana cand carnea de vita este gatita la nivelul dorit de fierbere.
d) Serviți fierbinte și bucurați-vă!

82.Frigărui de legume și halloumi

INGREDIENTE:
- 1 lb. legume asortate (ardei gras, dovlecei, ciuperci, roșii cherry)
- ½ lb. brânză halloumi, tăiată în bucăți
- 2 linguri ulei de masline
- 1 lingura suc de lamaie
- Oregano proaspăt, tocat
- Piper negru, dupa gust
- Sarat la gust

INSTRUCȚIUNI:
a) Așezați legumele și brânza halloumi pe frigărui, alternând bucățile. Într-un castron potrivit, amestecați uleiul de măsline, sucul de lămâie, oregano, sare și piper pentru a face o marinadă. Ungeți marinada peste frigărui.
b) Frigaruile la gratar pe gratar sau gratar timp de aproximativ 6-8 minute, intoarcendu-le din cand in cand, pana cand legumele sunt fragede si branza halloumi este usor aurie .
c) Serviți fierbinte și bucurați-vă!

DESERT

83.Pâine dulce împletită

INGREDIENTE:
ALUAT
- 1 lb. făină universală
- 1 pachet drojdie uscată activă
- 1 cană lapte
- 3 ½ oz. unt nesarat, topit
- 3 ½ oz. zahăr, granulat
- 2 ouă mari
- 1 lingurita extract de vanilie
- ½ lingurita sare

UMPLERE
- 1 ½ oz. unt nesarat, inmuiat
- 3 ½ oz. zahăr, granulat
- 2 lingurite de scortisoara macinata

GLAZURĂ
- 1 ou, batut
- zahăr perlat (opțional)

INSTRUCȚIUNI:
a) Într-un bol de amestecare potrivit, amestecați făina și drojdia. Într-o cratiță, încălziți laptele până se încălzește, apoi adăugați untul topit, zahărul, ouăle, extractul de vanilie și sarea. Se amestecă amestecul de lapte în amestecul de făină și se amestecă până se formează un aluat.

b) Frământați acest aluat pe o suprafață înfăinată timp de aproximativ 5 minute, apoi puneți-l înapoi în bol, acoperiți-l cu un prosop curat și lăsați-l să crească timp de 1 oră, până când își dublează volumul.

c) La 350°F, preîncălziți cuptorul și tapetați o tavă de copt cu hârtie de copt. Tăiați acest aluat și răsturnați-l pe o suprafață cu făină. Rotiți-l într-un dreptunghi potrivit.

d) Pentru umplutură, amestecați untul înmuiat, zahărul și scorțișoara, apoi întindeți-o uniform peste acest aluat. Rulați strâns acest aluat de pe marginea lungă, apoi transferați-l pe foaia de copt pregătită și modelați-l într-un inel.

e) Utilizați o pereche de foarfece de bucătărie sau un cuțit ascuțit pentru a face tăieturi în jurul inelului la intervale regulate, lăsând aproximativ 1 inch de aluat intact în centru. Răsuciți fiecare secțiune de aluat spre exterior pentru a dezvălui umplutura, apoi ungeți acest aluat cu oul bătut și stropiți cu zahăr perlat, dacă doriți.
f) Coacem in cuptorul preincalzit 25-30 de minute, pana se rumenesc. Se scoate din cuptor si se lasa putin la racit inainte de servire. Bucurați-vă de Kringel-ul dvs. estonian de casă !

84.Tort Estonian cu Caş (Kohupiimakook)

INGREDIENTE:
CRUSTĂ
- 8 oz. biscuiți digestivi sau biscuiți graham
- 3 ½ oz. unt nesarat, topit

UMPLERE
- 1 lb. brânză caș estonă (kohupiim)
- ⅔ cană smântână
- ⅔ cană smântână groasă
- 4 uncii. zahăr, granulat
- 4 ouă mari
- 2 lingurite extract de vanilie
- Zesta de 1 lămâie (opțional)

TOPING
- Fructe de padure proaspete (capsuni, afine, zmeura)

- Conserve de fructe (conserve de căpșuni sau zmeură)

INSTRUCȚIUNI:

a) La 350 ° F, preîncălziți cuptorul și ungeți o tavă cu arc de 9 inchi . Zdrobiți biscuiții digestivi sau biscuiții graham în firimituri fine și amestecați-i cu untul topit până se omogenizează bine. Apăsați acest amestec ferm pe fundul tavii elastice pregătite pentru a forma crusta.

b) Într-un bol de amestecare potrivit, amestecați cașcavalul, smântâna, smântâna groasă, zahărul, ouăle, extractul de vanilie și coaja de lămâie (dacă se utilizează) până când se omogenizează și se combină bine. Turnați umplutura de caș peste crustă din tava cu arc .

c) Coaceți în cuptorul preîncălzit timp de 40-45 de minute, până când marginile se întăresc și centrul este ușor agitat. Opriți cuptorul și deschideți ușor ușa cuptorului. Lasam prajitura sa se raceasca in cuptor pentru aproximativ 1 ora, apoi scoatem din cuptor si lasam sa se raceasca complet la temperatura camerei.

d) După ce s-a răcit, dați prăjitura la frigider pentru cel puțin 4 ore, sau de preferință peste noapte, pentru a-l lăsa să se întărească complet. Chiar înainte de servire, scoateți tortul din tava cu arc și transferați-l pe o farfurie de servire. Acoperiți tortul cu fructe de pădure proaspete sau conserve de fructe și, opțional, pudrați cu zahăr pudră. Tăiați și serviți rece. Savurează-ți deliciosul Kohupiimakook din Estonia !

85.Tort cu pâine de secară (Karask)

INGREDIENTE:

- 9 oz. făină de secară
- 3 ½ oz. făină universală
- 1 lingurita de bicarbonat de sodiu
- 1 lingurita sare
- 1 lingura zahar
- 1 cană de zară
- 2 linguri melasă sau sirop închis
- 2 linguri ulei vegetal
- 1 ou mare

INSTRUCȚIUNI:

a) La 400 ° F, preîncălziți cuptorul și ungeți o tavă rotundă pentru tort sau o tigaie din fontă. Într-un bol de amestecare potrivit, amestecați făina de secară, făina universală, bicarbonatul de sodiu, sarea și zahărul.

b) Într-un castron separat, amestecați zara, melasa sau siropul închis la culoare, uleiul vegetal și oul. Turnați treptat ingredientele umede în ingredientele uscate, amestecând până se formează un aluat gros. Turnați aluatul pregătit în tava sau tigaia de tort pregătită, răspândindu-l uniform.

c) Coacem in cuptorul preincalzit 25-30 de minute, pana cand o scobitoare introdusa in centru iese curata. Scoateți din cuptor și lăsați Karask- ul să se răcească în tavă sau tigaie timp de câteva minute, apoi puneți-l pe grătar pentru a se răci complet.

d) Odată răcit, puteți servi opțional Karask-ul cu unt sau alte toppinguri, cum ar fi brânză sau pește curat.

e) Tăiați și bucurați-vă de deliciosul dvs. Karask Estonian , o prăjitură unică de pâine de secară , perfectă pentru micul dejun sau ca gustare!

86.Tort cu ursuleț (Mõmmik)

INGREDIENTE:
TORT
- 8 oz. unt nesarat, la temperatura camerei
- 8 oz. zahar granulat
- 4 ouă mari
- 8 oz. făină universală
- 2 lingurite praf de copt
- ¼ lingurita sare
- 1 lingurita extract de vanilie
- ½ cană lapte

UMPLERE
- 1 ¼ cană smântână groasă
- 8 oz. ciocolata (neagra sau cu lapte), tocata
- 3 ½ oz. unt nesarat, la temperatura camerei
- 2 linguri de zahar pudra
- 1 lingurita extract de vanilie

DECOR
- Glazură fondant (maro, negru, alb și orice alte culori dorite)
- Colorant alimentar (optional)
- Decoratiuni cu bomboane sau ciocolata (M&M, ursuleti de guma sau chipsuri de ciocolata)
- Lipici comestibil sau apă pentru lipirea decorațiunilor

INSTRUCȚIUNI:
TORT
a) La 350°F, preîncălziți cuptorul și ungeți și făinați o tavă de tort în formă de ursuleț sau o tavă rotundă obișnuită pentru tort. Într-un bol de amestecare potrivit, cremă untul și zahărul până devine ușor și pufos.
b) Se amestecă ouăle, unul câte unul și se bate bine după fiecare adăugare. Într-un castron separat, amestecați făina, praful de copt și sarea.
c) Adăugați treptat ingredientele uscate în amestecul de unt, alternând cu laptele și extractul de vanilie, începând și terminând cu ingredientele uscate. Se amestecă până când se combină.

d) Turnați aluatul de tort în tava pregătită și întindeți-l uniform. Coacem in cuptorul preincalzit 30-35 de minute, pana cand o scobitoare introdusa in centru iese curata.
e) Scoateți din cuptor și lăsați tortul să se răcească în tavă timp de 10 minute, apoi puneți-l pe grătar pentru a se răci complet.

UMPLERE

f) Într-un castron termorezistent, amestecați ciocolata tocată și untul. Într-o cratiță, încălziți smântâna groasă la foc mediu până când începe să fiarbă.
g) Se toarnă smântâna fierbinte peste amestecul de ciocolată și unt și se lasă să stea un minut. Amestecați acest amestec până când ciocolata și untul sunt complet topite și netede.
h) Se amestecă zahărul pudră și extractul de vanilie și se amestecă până se omogenizează bine. Lăsați umplutura să se răcească la temperatura camerei, apoi acoperiți și dați la frigider pentru cel puțin 2 ore, până se îngroașă și se tartina.

MONTAJ SI DECORARE

i) Odată ce tortul și umplutura s-au răcit complet, puteți începe să asamblați și să vă decorați tortul cu ursuleț. Dacă este necesar, tăiați partea de sus a prăjiturii pentru a o nivela. Tăiați tortul pe orizontală în două straturi.
j) Așezați un strat de tort pe o farfurie de servire și întindeți deasupra un strat gros de umplutură de ciocolată răcită. Puneți al doilea strat de tort deasupra umpluturii. Folosește un cuțit ascuțit pentru a modela tortul într-o formă de ursuleț, dacă folosești o tavă rotundă obișnuită pentru tort.
k) Întindeți glazura de fondant maro și acoperiți întregul tort, folosind mâinile sau un sucitor pentru a o netezi și a-i modela astfel încât să semene cu un ursuleț.
l) Întindeți altă glazură de fondant colorată pentru a crea ochii, nasul, gura și alte decorațiuni dorite pentru fața și corpul ursulețului.
m) Puteți folosi și colorant alimentar pentru a colora fondantul.
n) Folosește lipici comestibil sau apă pentru a lipi decorațiunile de fondant pe tort, creând fața și corpul ursulețului, după dorință.

87. Prăjitură cu brânză Quark (Kubujuustukook)

INGREDIENTE:
CRUSTĂ
- 9 oz. biscuiți digestivi sau biscuiți graham
- 3 ½ oz. unt nesarat, topit

UMPLERE
- 1 lb. brânză quark (uneori numită caș sau brânză de fermier), scursă
- 8 oz. zahăr, granulat
- 4 ouă mari
- ⅔ cană smântână groasă
- 1 lingurita extract de vanilie
- Zest de 1 lămâie

TOPING
- Fructe proaspete sau fructe la alegere (căpșuni, afine sau zmeură)
- Zahăr pudră, pentru pudrat (opțional)

INSTRUCȚIUNI:
CRUSTĂ
a) Zdrobiți biscuiții digestivi sau biscuiții graham în firimituri fine folosind un robot de bucătărie sau punându-i într-o pungă de plastic și folosind un sucitor.
b) Într-un bol de amestecare potrivit, amestecați biscuiții sau firimiturile de biscuiți cu untul topit și amestecați bine. Apăsați acest amestec ferm pe fundul unei tavi arcuite de 9 inci pentru a forma crusta. Puneți tava la frigider pentru a se răci în timp ce pregătiți umplutura.
c) Umplere
d) La 350°F, preîncălziți cuptorul. Într-un bol de amestecare potrivit, amestecați brânza quark și zahărul și amestecați bine. Se amestecă ouăle, unul câte unul și se bate bine după fiecare adăugare. Se amestecă smântâna groasă, extractul de vanilie și coaja de lămâie și se amestecă până se combină bine.
e) Turnați umplutura peste crusta răcită în tava cu arc , întinde-o uniform. Coaceți în cuptorul preîncălzit timp de 35-40 de minute, până când marginile sunt întărite și centrul este ușor agitat. Scoatem din cuptor si lasam prajitura sa se raceasca in tava timp

de 10 minute, apoi trecem cu un cutit pe margini pentru a o desprinde din tava.

f) Transferați tortul pe un grătar pentru a se răci complet, apoi acoperiți și lăsați-l la frigider pentru cel puțin 4 ore sau peste noapte pentru a se întări. Pentru topping: Chiar înainte de servire, decorează prajitura cu brânză quark răcită cu fructe de pădure proaspete sau fructe la alegere.

g) Pudrați cu zahăr pudră, dacă doriți, pentru un finisaj decorativ. Tăiați și serviți Kubujuustukook răcit și bucurați-vă de această prăjitură cremoasă și delicioasă cu brânză de quark estonian, cu aromele sale bogate și toppingul răcoritor de fructe!

88.Tortul bunicii (Vanaema Kook)

INGREDIENTE:
CRUSTĂ
- 9 oz. biscuiți digestivi sau biscuiți graham
- 3 ½ oz. unt nesarat, topit
- 1 lingura pudra de cacao (optional)

UMPLERE
- 4 ouă mari
- 8 oz. zahăr, granulat
- ⅔ cană smântână groasă
- 2 lingurite extract de vanilie
- 2 linguri de făină universală
- ¼ lingurita sare
- Zest de 1 lămâie

INSTRUCȚIUNI:
CRUSTĂ
a) Zdrobiți biscuiții digestivi sau biscuiții graham în firimituri fine folosind un robot de bucătărie sau punându-i într-o pungă de plastic și folosind un sucitor.
b) Într-un bol de amestecare potrivit, amestecați biscuiții sau firimiturile de biscuiți cu untul topit și pudra de cacao (dacă este folosit) și amestecați bine. Apăsați acest amestec ferm pe fundul unei tavi arcuite de 9 inci pentru a forma crusta. Puneți tava la frigider pentru a se răci în timp ce pregătiți umplutura.

UMPLERE
c) La 350°F, preîncălziți cuptorul. Într-un bol de amestecare potrivit, bateți ouăle și zahărul până când devin ușor și pufos. Se amestecă smântâna groasă, extractul de vanilie, făina, sarea și coaja de lămâie și se amestecă până se combină bine.
d) Turnați umplutura peste crusta răcită în tava cu arc , întinde-o uniform. Coaceți în cuptorul preîncălzit timp de 30-35 de minute, până când marginile se întăresc și centrul este ușor agitat. Scoatem din cuptor si lasam prajitura sa se raceasca in tava timp de 10 minute, apoi trecem cu un cutit pe margini pentru a o desprinde din tava.
e) Transferați tortul pe un grătar pentru a se răci complet, apoi acoperiți și lăsați-l la frigider pentru cel puțin 4 ore sau peste noapte pentru a se întări.
f) Vanaema Kook răcit și bucurați-vă de această prăjitură nostalgică a bunicii din Estonia, cu aromele sale simple, dar încântătoare!

89. Tort Eston în Foaie (Plaadikook)

INGREDIENTE:
BAZĂ DE PRINCIPAL
- 4 ouă mari
- 8 oz. zahăr, granulat
- 8 oz. făină universală
- 1 lingurita praf de copt
- ¼ lingurita sare
- 2 lingurite extract de vanilie

TOPPING CREMĂ
- 2 căni de smântână groasă
- 8 oz. zahăr, granulat
- 2 linguri de făină universală
- 2 linguri amidon de porumb
- 1 lingurita extract de vanilie

INSTRUCȚIUNI:
BAZĂ DE PRINCIPAL

a) La 350°F, preîncălziți cuptorul și ungeți o foaie de copt de 9 x 13 inci sau o tavă dreptunghiulară pentru tort. Într-un bol de amestecare potrivit, bateți ouăle și zahărul până când devin ușor și pufos. Se adaugă făina, praful de copt, sarea și extractul de vanilie și se amestecă până se omogenizează bine.

b) Turnați aluatul pregătit în foaia de copt sau în tava de tort pregătită, întindeți-l uniform. Coacem in cuptorul preincalzit 20-25 de minute, pana cand prajitura devine maro aurie si o scobitoare introdusa in centru iese curata. Scoatem din cuptor si lasam prajitura sa se raceasca complet in tava.

TOPPING CREMĂ

c) Într-o cratiță, amestecați smântâna groasă, zahărul, făina și amidonul de porumb. Bateți până se combină bine. Puneti cratita la foc mediu si gatiti, amestecand continuu, pana cand acest amestec se ingroasa si ajunge la fierbere.

d) Se ia de pe foc si se adauga extractul de vanilie. Lăsați topping-ul de cremă să se răcească ușor, apoi turnați-l peste baza de pandișpan răcit în tava de copt sau tava de tort, întindeți-l uniform cu o spatulă.

e) Paladion la frigider pentru cel puțin 4 ore sau peste noapte pentru a seta topping-ul cu cremă. Tăiați și serviți Paladionul răcit și bucurați-vă de această delicioasă prăjitură estonă în foaie, cu baza sa moale de pandișpan și topping cremos de vanilie!

90.Stafide Kissel (Rosinakissell)

INGREDIENTE:

- 4 uncii. stafide
- 2 căni de apă
- 9 oz. fructe de padure proaspete sau congelate (cum ar fi lingonberries, zmeura sau coacazele negre)
- 3 ½ oz. zahăr, granulat
- 2 linguri amidon de porumb sau de cartofi
- 2 linguri apa rece
- 1 lingurita suc de lamaie (optional)

INSTRUCȚIUNI:

a) Se pun stafidele într-o cratiță cu 2 căni de apă și se lasă la fiert. Reduceți căldura și fierbeți timp de 10-15 minute, până când stafidele sunt pline și moi. Într-o cratiță separată, amestecați fructele de pădure și zahărul.

b) Gatiti la foc mediu, amestecand din cand in cand, pana cand boabele isi elibereaza sucul si zaharul se dizolva. Într-un castron potrivit, amestecați amidonul de porumb sau de cartofi cu 2 linguri de apă rece până se omogenizează. Amestecați treptat amidonul de porumb sau amidonul de cartofi în amestecul de fructe de pădure, amestecând constant pentru a preveni formarea cocoloașelor.

c) Continuați să gătiți acest amestec la foc mic, amestecând constant, până când se îngroașă până la o consistență asemănătoare jeleului. Se ia de pe foc și se amestecă stafidele fierte și sucul de lămâie (dacă se folosește). Lăsați Rosinakissell să se răcească ușor, apoi transferați în boluri sau pahare de servire. Dă la frigider pentru cel puțin 2-3 ore, până când kissel- ul se răcește și se fixează.

d) Rosinakissell răcit ca desert răcoritor și acidulat și bucurați-vă de izbucnirea de aromă a stafidelor suculente și a compotului dulci de fructe de pădure.

91. Supă de desert estonă (Leivasupp)

INGREDIENTE:
- 9 oz. pâine de secară (de preferință veche sau veche de o zi)
- 4 ¼ cani de apa
- 3 ½ oz. zahăr granulat sau după gust
- 1 baton de scortisoara
- 3-4 păstăi întregi de cardamom
- 1 lingura de unt
- 1 lingură făină universală
- 1 lingura pudra de cacao (optional)
- ½ lingurita sare
- Frisca, pentru garnitura (optional)

INSTRUCȚIUNI:

a) Tăiați pâinea de secară în cuburi mici sau felii și puneți-le într-o cratiță sau oală potrivită. Se amestecă apa în cratiță cu pâinea și se aduce la fierbere la foc mediu.

b) Reduceți focul la mic și fierbeți aproximativ 10-15 minute, până când pâinea se înmoaie și începe să se descompună, creând o bază de supă îngroșată. Într-o cratiță mică separată, topește untul la foc mediu. Se amestecă făina și pudra de cacao (dacă se folosește) și se gătesc, amestecând constant, timp de 1-2 minute pentru a face un roux.

c) Adăugați treptat roux-ul în supa de pâine, amestecând constant pentru a evita cocoloașele. Se amestecă în supă zahărul, batonul de scorțișoară, păstăile de cardamom și sarea și se fierbe încă 10-15 minute, amestecând din când în când, pentru a permite aromelor să se topească.

d) Scoateți batonul de scorțișoară și păstăile de cardamom din supă înainte de servire. Servește Leivasupp fierbinte, ornat cu o praf de frișcă (dacă se dorește) și bucură-te de aromele reconfortante ale acestei supe tradiționale de pâine estonă!

92.Vahukoor-Kohupiimakook

INGREDIENTE:
CRUSTĂ
- 8 oz. biscuiți digestivi sau biscuiți graham
- 3 ½ oz. unt nesarat, topit

UMPLERE
- 1 lb. caș sau quark
- 2 cesti de frisca grea pentru frisca
- 4 uncii. zahăr pudră
- 1 lingurita extract de vanilie
- Zest de 1 lămâie
- 1 lingurita gelatina praf
- 3 linguri de apa rece
- Fructe proaspete, fructe feliate sau așchii de ciocolată, pentru decor

INSTRUCȚIUNI:

a) Zdrobiți biscuiții digestivi sau biscuiții graham în firimituri fine folosind un robot de bucătărie sau punându-i într-o pungă de plastic și zdrobindu-i cu un sucitor. Într-un bol de amestecare potrivit, amestecați biscuiții sau firimiturile de biscuiți cu untul topit și amestecați până când acest amestec seamănă cu nisipul umed.

b) Apăsați ferm amestecul de pesmet pe fundul unei tavi arcuite de 9 inci , formând o crustă uniformă. Puneți tava la frigider pentru a se răci în timp ce pregătiți umplutura.

c) Într-un castron potrivit, se stropește praful de gelatină peste apă rece și se lasă să stea câteva minute să înflorească. Într-un bol de amestecare adecvat, amestecați caș sau quark, smântână grea pentru frișcă, zahăr pudră, extract de vanilie și coaja de lămâie. Bateți sau bateți cu un mixer electric până devine omogen și cremos.

d) Într-o cratiță potrivită, încălziți ușor amestecul de gelatină înflorită la foc mic, amestecând constant, până când gelatina este complet dizolvată . Se toarnă treptat gelatina dizolvată în amestecul de caș în timp ce se amestecă sau se bate continuu, până se combină bine. Turnați umplutura peste crusta răcită în tava cu arc și neteziți blatul cu o spatulă.

e) Acoperiți tava cu folie de plastic și dați la frigider pentru cel puțin 4-6 ore, până când prăjitura este întărită și fermă. Odată ce prăjitura este răcită și întărită, îndepărtați cu grijă părțile laterale ale tavii arcuite .

f) Decorați partea de sus a prăjiturii cu fructe de pădure proaspete, fructe tăiate felii sau așchii de ciocolată, dacă doriți. Tăiați și serviți Vahukoor-kohupiimakook și bucurați-vă de aromele cremoase, acidulate și delicioase ale acestui delicios desert eston!

93.Tort cu cartofi (Kartulikook)

INGREDIENTE:
CRUSTĂ
- 2 căni de făină universală
- 1 cană unt nesărat, răcit și tăiat cubulețe
- ½ cană zahăr, granulat
- ¼ lingurita sare
- 1 galbenus de ou mare

UMPLERE
- 2 lbs. cartofi, curatati de coaja si fierti pana devin fragezi
- ½ cană unt nesărat, topit
- ½ cană zahăr, granulat
- 3 ouă mari
- 1 cană smântână
- 1 lingurita extract de vanilie
- ½ lingurita de scortisoara macinata
- ¼ lingurita de nucsoara macinata
- 1 praf de sare

INSTRUCȚIUNI:
CRUSTĂ

a) La 350 ° F, preîncălziți cuptorul și ungeți o tavă cu arc de 9 inchi.

b) Pentru a face crusta, amestecați zahărul, făina, sarea și untul tăiat cuburi într-un bol de amestecare adecvat. Folosiți un tăietor de patiserie sau degetele pentru a tăia untul în ingredientele uscate până când acest amestec seamănă cu firimituri grosiere. Se amestecă gălbenușul de ou până când acest aluat se îmbină.

c) Apăsați uniform acest aluat pe fundul tavii elastice pregătite pentru a forma crusta. Coaceți crusta în cuptorul preîncălzit timp de 10-12 minute, până se rumenește ușor. Se scoate din cuptor si se lasa sa se raceasca putin.

UMPLERE

d) Pasează cartofii fierți într-un bol de amestecare adecvat până când se omogenizează.

e) Se amestecă în piureul de cartofi untul topit, zahărul, ouăle, smântâna, extractul de vanilie, scorțișoara, nucșoara și un praf de sare. Se amestecă până se combină bine.

f) Turnați umplutura de cartofi peste crusta parțial coptă în tava cu arc . Se netezește blatul cu o spatulă și se coace în cuptorul preîncălzit timp de 45-50 de minute, până când centrul este fixat și blatul este ușor auriu.
g) Scoateți prăjitura de cartofi din cuptor și lăsați-o să se răcească complet în tavă. Odată ce s-a răcit, îndepărtați cu grijă părțile laterale ale tavii arcuite . Tăiați prajitura de cartofi din Estonia în felii și serviți rece sau la temperatura camerei.
h) Savurează-ți deliciosul tort de cartofi din Estonia!

94.Kamavaht

INGREDIENTE:
- ½ cană amestec Kama (pulbere de cereale prăjite, disponibilă în magazinele estoniene sau de specialitate)
- 1 cană smântână grea pentru frișcă
- ¼ cană zahăr, pudră
- 1 lingurita extract de vanilie

INSTRUCȚIUNI:

a) Într-un bol de amestecare adecvat, amestecați amestecul Kama, zahărul pudră și extractul de vanilie.

b) Amestecați bine pentru a asigura o distribuție uniformă a ingredientelor. Într-un castron separat, batem smântâna groasă până se îngroașă și formează vârfuri moi.

c) Îndoiți ușor frișca în amestecul Kama, folosind o spatulă sau un tel. Aveți grijă să nu amestecați în exces, deoarece doriți să păstrați acest amestec ușor și aerisit. Gustați Kamavaht și ajustați dulceața cu mai mult zahăr pudră, dacă doriți.

d) Turnați Kamavaht- ul în feluri de mâncare individuale sau pahare pentru desert. Răciți Kamavaht la frigider pentru cel puțin 1 oră înainte de servire. Servește Kamavaht rece și ornează cu pudră Kama suplimentară sau fructe de pădure proaspete, dacă se dorește.

e) Bucurați-vă de aromele cremoase și acidulate ale Kamavaht , un desert delicios estonian făcut cu Kama și frișcă. Este un răsfăț unic și răcoritor care cu siguranță vă va încânta papilele gustative!

95.Tort Kama și cu mere (Kama-Õunakook)

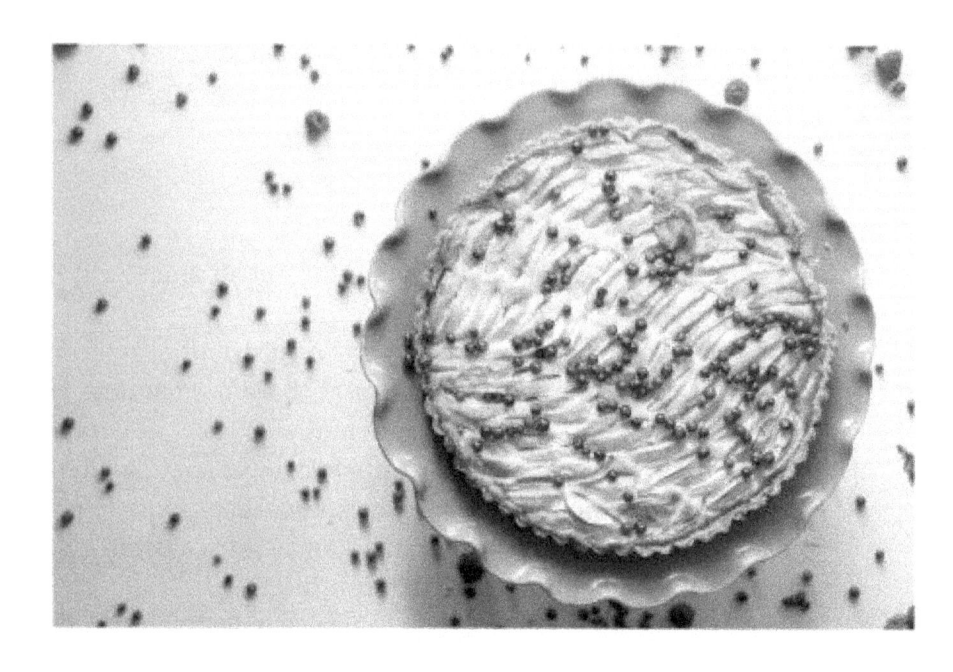

INGREDIENTE:
TORT
- 3 mere medii, decojite, fără miez și feliate subțiri
- 1 ½ cană de făină universală
- ½ cană amestec Kama (pulbere de cereale prăjite, disponibilă în magazinele estoniene sau de specialitate)
- ½ cană zahăr, granulat
- ½ cană unt nesărat, înmuiat
- 2 ouă mari
- ½ cană lapte
- 1 lingurita praf de copt
- 1 lingurita extract de vanilie
- ¼ lingurita sare

TOPING
- ¼ cană făină universală
- ¼ cană zahăr, granulat
- 2 linguri de unt nesarat, racit si taiat cubulete mici

INSTRUCȚIUNI:

a) La 350 ° F, preîncălziți cuptorul și ungeți o tavă rotundă de 9 inci pentru tort. Într-un castron potrivit, amestecați făina, Kama, praful de copt și sarea. Într-un castron mare separat, cremă împreună untul și zahărul până devine ușor și pufos. Bateți ouăle, unul câte unul, apoi amestecați extractul de vanilie.

b) Amestecați treptat amestecul de făină uscată în amestecul de unt, alternând cu laptele, începând și terminând cu ingredientele uscate. Se amestecă până când se combină. Turnați aluatul pregătit în tava de tort pregătită și întindeți-l uniform.

c) Aranjați merele tăiate felii subțiri deasupra aluatul preparat, suprapunându-le ușor.

d) Într-un bol potrivit, amestecați făina și zahărul pentru topping. Tăiați untul răcit folosind un tăietor de patiserie sau vârful degetelor până când acest amestec seamănă cu firimituri grosiere.

e) Stropiți uniform toppingul peste mere. Coacem prajitura in cuptorul preincalzit pentru 40-45 de minute, pana cand o scobitoare introdusa in centru iese curata.

f) Scoateți tortul din cuptor și lăsați-l să se răcească în tavă timp de 10 minute, apoi puneți-l pe grătar pentru a se răci complet. După ce s-a răcit, feliați Kama- õunakook în felii și serviți ca un desert eston delicios.

BĂUTURI

96.Vin cu fructe (Leibkonna Jook)

INGREDIENTE:
- 2 lbs. fructe proaspete sau fructe de padure (mere, cirese, coacaze, zmeura)
- 2 lbs. zahăr
- 16 căni de apă
- 1 lingurita drojdie proaspata sau ½ lingurita drojdie uscata

INSTRUCȚIUNI:

a) Spălați și curățați fructele sau fructele de pădure, îndepărtând orice tulpini, frunze sau sâmburi. Zdrobiți-le sau zdrobiți-le ușor pentru a elibera sucurile. Într-o oală potrivită, amestecați fructele sau fructele de pădure, zahărul și apa. Se amestecă bine pentru a dizolva zahărul. Aduceți acest amestec la fierbere la foc mediu, apoi reduceți focul și fierbeți timp de aproximativ 10-15 minute, amestecând din când în când.

b) Scoateți oala de pe foc și lăsați acest amestec să se răcească la temperatura camerei. Odată ce acest amestec s-a răcit, dizolvați drojdia într-o cantitate potrivită de apă și adăugați-o în oală. Amesteca bine. Acoperiți vasul cu o cârpă curată sau folie de plastic și lăsați-l să stea la temperatura camerei timp de 24 de ore pentru a fermenta.

c) După 24 de ore, strecoară acest amestec printr-o strecurătoare cu plasă fină sau o pânză de brânză în sticle curate, lăsând un spațiu de cap în partea de sus. Sigilați bine sticlele cu capace sau dopuri și păstrați-le într-un loc răcoros și întunecat timp de cel puțin 2-3 săptămâni pentru a permite Leibkonna glumă să fermenteze și să-și dezvolte aromele.

d) După 2-3 săptămâni, Leibkonna gluma ar trebui să fie gata de băut. Răciți-l la frigider înainte de servire și savurați-l ca o băutură răcoritoare și tradițională de casă estonă în timpul ocaziilor speciale sau sărbătorilor.

97.Cvas

INGREDIENTE:
- 9 oz. pâine de secară (de preferință veche sau ușor uscată)
- 16 căni de apă
- 4 uncii. zahăr
- 1 lingurita drojdie proaspata sau ½ lingurita drojdie uscata
- 1-2 lămâi mici, feliate subțiri
- 2 pumni de stafide sau fructe uscate pentru un plus de aromă (opțional)

INSTRUCȚIUNI:
a) Tăiați pâinea de secară în cuburi mici și puneți-le într-o oală sau bol potrivit. Adăugați 16 căni de apă în oala cu pâinea de secară și lăsați-o să stea la temperatura camerei timp de 4-6 ore, sau peste noapte, până la înmuiat.
b) După înmuiere, strecoară lichidul din pâinea de secară, apăsând pe cuburile de pâine pentru a extrage cât mai mult lichid. Aruncați pâinea sau păstrați-o pentru alte utilizări.
c) Dizolvați zahărul în lichidul strecurat, amestecând bine pentru a vă asigura că este complet dizolvat. Într-un bol potrivit, dizolvați drojdia într-o cantitate potrivită de apă și adăugați-o în lichid. Amesteca bine. Se amestecă în lichid feliile de lămâie feliate subțiri și stafidele opționale sau fructele uscate. Acoperiți oala sau vasul cu o cârpă curată sau folie de plastic și lăsați-l să stea la temperatura camerei timp de 6-12 ore pentru a fermenta.
d) Odată ce fermentația este completă, strecurați lichidul printr-o strecurătoare cu plasă fină sau o pânză de brânză în sticle curate, lăsând un spațiu de cap în partea de sus. Sigilați bine sticlele cu capace sau dopuri și puneți-le la frigider pentru cel puțin 2-3 zile pentru a permite Kvas-ului să se carbonateze și să-și dezvolte aromele. După 2-3 zile, Kvas ar trebui să fie gata de băut.
e) Răciți-l la frigider înainte de servire și bucurați-l ca o băutură tradițională estonă răcoritoare și acidulată.

98.Chefir

INGREDIENTE:
- 4 lingurițe boabe de chefir (disponibile online sau la magazinele naturiste)
- 4 cani de lapte
- Indulcitori sau arome (miere, fructe sau extract de vanilie), optional

INSTRUCȚIUNI:
a) Puneți boabele de chefir într-un borcan de sticlă curat. Adăugați lapte în borcan, lăsând un spațiu de cap în partea de sus pentru fermentare.
b) Amestecați ușor laptele și boabele de chefir cu o lingură nemetalică. Acoperiți borcanul cu o cârpă curată sau un capac de plastic, dar nu-l sigilați etanș deoarece procesul de fermentație produce gaz. Lăsați chefirul să fermenteze la temperatura camerei timp de 24-48 de ore, în funcție de nivelul dorit de aciditate. Cu cât îl lași să fermenteze mai mult, cu atât va deveni mai tanger.
c) După fermentare, strecoară chefirul într-un alt borcan curat, separând boabele de chefir de lichid. Puteți folosi o sită cu plasă fină sau o sită de plastic pentru aceasta. Chefirul strecurat este acum gata de băut sau puteți adăuga îndulcitori sau arome după gust.
d) Dacă doriți să reutilizați boabele de chefir pentru a face un alt lot, pur și simplu adăugați lapte proaspăt în borcanul cu boabele de chefir și repetați procesul de fermentație.

99. Estonian Morss

INGREDIENTE:
- 10 ½ oz. de pâine de secară
- 8 căni de apă
- ½ cană de zahăr
- Frunze de mentă proaspătă sau felii de lămâie, pentru decor

INSTRUCȚIUNI:
a) Tăiați pâinea de secară în bucăți mici și puneți-le într-un castron sau ulcior potrivit. Turnați apa peste pâinea de secară, asigurându-vă că toate bucățile de pâine sunt scufundate.
b) Acoperiți acest bol sau ulcior cu o cârpă curată sau folie de plastic și lăsați-l să stea la temperatura camerei timp de 12-24 de ore pentru a permite fermentarea. Cu cât îl lași să fermenteze mai mult, cu atât Morss- ul va fi mai tanger.
c) După fermentare, strecurați lichidul din pâinea de secară folosind o strecurătoare cu plasă fină sau o pânză de brânză, aruncând solidele de pâine. Se amestecă zahărul după gust, începând cu ½ cană și ajustând după cum este necesar.
d) Răciți Morss la frigider pentru cel puțin 1-2 ore înainte de servire.
e) La servire, puteți orna Morss- ul cu frunze proaspete de mentă sau felii de lămâie dacă doriți. Amestecați bine înainte de servire, deoarece sedimentele se pot depune pe fund.

100.Băutură Kali estonă

INGREDIENTE:
- 10 ½ oz. de pâine de secară închisă (de preferință veche)
- 8 căni de apă
- ½ cană de zahăr
- ½ linguriță de drojdie uscată activă
- Frunze de mentă proaspătă sau felii de lămâie, pentru decor

INSTRUCȚIUNI:

a) Tăiați pâinea de secară în bucăți mici și puneți-le într-un castron sau ulcior potrivit. Turnați apa peste pâinea de secară, asigurându-vă că toate bucățile de pâine sunt scufundate.

b) Acoperiți acest bol sau ulcior cu o cârpă curată sau folie de plastic și lăsați-l să stea la temperatura camerei timp de 2-3 ore pentru a permite fermentarea.

c) După fermentare, strecurați lichidul din pâine folosind o strecurătoare cu plasă fină sau o pânză de brânză, aruncând solidele de pâine.

d) Se amestecă zahărul după gust, începând cu ½ cană și ajustând după cum este necesar. Dizolvați drojdia într-o cantitate potrivită de apă caldă și adăugați-o în lichidul strecurat, amestecând bine.

e) Acoperiți din nou acest bol sau ulcior și lăsați-l să stea la temperatura camerei timp de încă 1-2 ore pentru a permite drojdiei să fermenteze și să carbonateze băutura. Răciți Kali la frigider pentru cel puțin 1-2 ore înainte de servire. La servire, puteți orna Kali cu frunze proaspete de mentă sau felii de lămâie, dacă doriți.

f) Amestecați bine înainte de servire, deoarece sedimentele se pot depune pe fund.

CONCLUZIE

În timp ce ne luăm rămas bun de la „CARTEA DE BUCATE ULTIMEA ETONIANĂ", o facem cu inimile pline de recunoștință pentru aromele savurate, amintirile create și aventurile culinare împărtășite pe parcurs. Prin 100 de rețete care au celebrat moștenirea culinară bogată a Estoniei, ne-am îmbarcat într-o călătorie de arome, descoperire și explorare culturală, descoperind mâncărurile unice și delicioase care fac din bucătăria estonă cu adevărat specială.

Dar călătoria noastră nu se termină aici. Pe măsură ce ne întoarcem în bucătăriile noastre, înarmați cu inspirație și apreciere nouă pentru bucătăria estonă, să continuăm să explorăm, să experimentăm și să creăm. Fie că gătim pentru noi înșine, pentru cei dragi sau pentru oaspeți, rețetele din această carte de bucate să servească drept sursă de bucurie și conexiune, aducând oamenii împreună și sărbătorind limbajul universal al mâncării.

Și pe măsură ce savurăm fiecare înghițitură delicioasă a bunătății estoniene, să ne amintim de plăcerile simple ale mâncării bune, companiei bune și bucuria de a împărți mesele cu cei dragi. Vă mulțumim că v-ați alăturat nouă în această călătorie culinară prin aromele Estoniei. Fie ca bucătăria dumneavoastră să fie mereu plină de căldura și ospitalitatea bucătăriei estoniene și fie ca fiecare fel de mâncare pe care o creați să fie o sărbătoare a bogatei moșteniri culinare a regiunii baltice. Cap aega ! (Poftă bună!)